TRAITÉ POLITIQUE

ÉCRIT PAR B. SPINOZA entre 1661 et 1675
PUBLIÉ EN 1677 (année de sa mort)

TRADUIT PAR ÉMILE SAISSET en 1842

Table des matières

Traité où l'on explique

Comment doit être organisée une société, soit monarchique, soit aristocratique, pour qu'elle ne dégénère pas en tyrannie et que la paix et la liberté des citoyens n'y éprouvent aucune atteinte .

Lettre de Spinoza

À un de ses amis
Pouvant servir de préface au TRAITÉ POLITIQUE [157].

Mon cher ami, votre bonne lettre m'a été remise hier. Je vous remercie de tout mon cœur du zèle que vous témoignez pour moi, et je ne manquerais pas de profiter de l'occasion, ... si je n'étais présentement occupé d'un dessein que j'estime plus utile et qui, j'en suis certain, vous sourira davantage ; je veux parler de la composition de ce Traité politique, commencé il y a peu de temps sur votre conseil. J'en ai déjà terminé six chapitres. Le premier contient mon introduction ; le second traite du droit naturel ; le troisième du droit des pouvoirs souverains ; le quatrième des affaires qui dépendent du gouvernement des pouvoirs souverains ; le cinquième de l'idéal suprême que toute société peut se proposer ; le sixième de l'organisation qu'il faut donner au gouvernement monarchique pour qu'il ne dégénère pas en tyrannie. Je m'occupe en ce moment du septième chapitre où je démontre point par point dans un ordre méthodique tous les principes d'organisation exposés au chapitre précédent. De là je passerai au gouvernement aristocratique et au gouvernement populaire, pour en venir enfin au détail des lois et aux autres questions particulières qui se rapportent à mon sujet. Et sur cela, je vous dis adieu....

Cette lettre montre clairement le plan que l'auteur s'était tracé ; arrêté par la maladie, puis enlevé par la mort, il n'a pu, comme on le verra, conduire son œuvre que jusqu'à la fin du chapitre sur le gouvernement aristocratique.

Chapitre I

Introduction

1. C'est l'opinion commune des philosophes que les passions dont la vie humaine est tourmentée sont des espèces de vices où nous tombons par notre faute, et voilà pourquoi on en rit, on en pleure, on les censure à l'envi ; quelques-uns même affectent de les haïr, afin de paraître plus saints que les autres. Aussi bien ils croient avoir fait une chose divine et atteint le comble de la sagesse, quand ils ont appris à célébrer en mille façons une prétendue nature humaine qui n'existe nulle part et à dénigrer celle qui existe réellement. Car ils voient les hommes, non tels qu'ils sont, mais tels qu'ils voudraient qu'ils fussent. D'où il est arrivé qu'au lieu d'une morale, le plus souvent ils ont fait une satire, et n'ont jamais conçu une qui pût être réduite en pratique, mais plutôt une chimère bonne à être appliquée au pays d'Utopie ou du temps de cet âge d'or pour qui l'art des politiques était assurément très superflu. On en est donc venu à croire qu'entre toutes les sciences susceptibles d'application, la politique est celle où la théorie diffère le plus de la pratique, et que nulle sorte d'hommes n'est moins propre au gouvernement de l'État que les théoriciens ou les philosophes.

2. Tout au contraire, les politiques passent pour plus occupés à tendre aux hommes des embûches qu'à veiller à leurs intérêts, et leur principal titre d'honneur, ce n'est pas la sagesse, mais l'habileté. Ils ont appris à l'école des faits qu'il y aura des vices tant qu'il y aura des hommes. Or, tandis qu'ils s'efforcent de prévenir la malice humaine à l'aide des moyens artificiels depuis longtemps indiqués par l'expérience et dont se servent d'ordinaire les hommes que la crainte gouverne plutôt que la raison, ils ont l'air de rompre en visière à la religion, surtout aux théologiens, lesquels s'imaginent que les souverains doivent traiter les affaires publiques selon les mêmes règles de piété qui obligent un particulier. Mais cela n'empêche pas que cette sorte d'écrivains n'aient mieux réussi que les philosophes à traiter les matières politiques, et la raison en est simple, c'est qu'ayant pris l'expérience pour guide, ils n'ont rien dit qui fût trop éloigné de la pratique.

3. Et certes, quant à moi, je suis très convaincu que l'expérience a déjà indiqué toutes les formes d'État capables de faire vivre les hommes en bon accord et tous les moyens propres à diriger la multitude ou à la contenir en certaines limites ; aussi je ne regarde pas comme possible de trouver par la force de la pensée une combinaison politique, j'entends quelque chose d'applicable, qui n'ait déjà été trouvée et expérimentée. Les hommes, en effet, sont ainsi organisés qu'ils ne peuvent vivre en dehors d'un certain droit commun ; or la question des droits communs et des affaires publiques a été traitée par des hommes très rusés, ou très habiles, comme on voudra, mais à coup sûr très pénétrants, et par conséquent il est à peine croyable qu'on puisse concevoir quelque combinaison vraiment pratique et utile qui n'ait pas été déjà suggérée par l'occasion ou le hasard, et qui soit restée inconnue à des hommes attentifs aux affaires publiques et à leur propre sécurité.

4. Lors donc que j'ai résolu d'appliquer mon esprit à la politique, mon dessein n'a pas été de rien découvrir de nouveau ni d'extraordinaire, mais seulement de démontrer par des raisons certaines et indubitables ou, en d'autres termes, de déduire de la condition même du genre humain un certain nombre de principes parfaitement d'accord avec l'expérience ; et pour porter dans cet ordre

de recherches la même liberté d'esprit dont on use en mathématiques, je me suis soigneusement abstenu de tourner en dérision les actions humaines, de les prendre en pitié ou en haine ; je n'ai voulu que les comprendre. En face des passions, telles que l'amour, la haine, la colère, l'envie, la vanité, la miséricorde, et autres mouvements de l'âme, j'y ai vu non des vices, mais des propriétés, qui dépendent de la nature humaine, comme dépendent de la nature de l'air le chaud, le froid, les tempêtes, le tonnerre, et autres phénomènes de cette espèce, lesquels sont nécessaires, quoique incommodes, et se produisent en vertu de causes déterminées par lesquelles nous nous efforçons de les comprendre. Et notre âme, en contemplant ces mouvements intérieurs, éprouve autant de joie qu'au spectacle des phénomènes qui charment les sens.

5. Il est en effet certain (et nous l'avons reconnu pour vrai dans notre *Éthique* [158]) que les hommes sont nécessairement sujets aux passions, et que leur nature est ainsi faite qu'ils doivent éprouver de la pitié pour les malheureux et de l'envie pour les heureux, incliner vers la vengeance plus que vers la miséricorde ; enfin chacun ne peut s'empêcher de désirer que ses semblables vivent à sa guise, approuvent ce qui lui agrée et repoussent ce qui lui déplaît. D'où il arrive que tous désirant être les premiers, une lutte s'engage, on cherche à s'opprimer réciproquement, et le vainqueur est plus glorieux du tort fait à autrui que de l'avantage recueilli pour soi. Et quoique tous soient persuadés que la religion nous enseigne au contraire à aimer son prochain comme soi-même, par conséquent à défendre le bien d'autrui comme le sien propre, j'ai fait voir que cette persuasion a peu d'empire sur les passions. Elle reprend, il est vrai, son influence à l'article de la mort, alors que la maladie a dompté jusqu'aux passions mêmes et que l'homme gît languissant, ou encore dans les temples, parce qu'on n'y pense plus au commerce et au gain ; mais au forum et à la cour, où cette influence serait surtout nécessaire, elle ne se fait plus sentir. J'ai également montré que, si la raison peut beaucoup pour réprimer et modérer les passions, la voie qu'elle montre à l'homme est des plus ardues [159] , en sorte que, s'imaginer qu'on amènera la multitude ou ceux qui sont engagés dans les luttes de la vie publique à régler leur

conduite sur les seuls préceptes de la raison, c'est rêver l'âge d'or et se payer de chimères.

6. L'État sera donc très peu stable, lorsque son salut dépendra de l'honnêteté d'un individu et que les affaires ne pourront y être bien conduites qu'à condition d'être dans des mains honnêtes. Pour qu'il puisse durer, il faut que les affaires publiques y soient ordonnées de telle sorte que ceux qui les manient, soit que la raison, soit que la passion les fasse agir, ne puissent être tentés d'être de mauvaise foi et de mal faire. Car peu importe, quant à la sécurité de l'État, que ce soit par tel ou tel motif que les gouvernants administrent bien les affaires, pourvu que les affaires soient bien administrées. La liberté ou la force de l'âme est la vertu des particuliers ; mais la vertu de l'État, c'est la sécurité.

7. Enfin, comme les hommes, barbares ou civilisés, s'unissent partout entre eux et forment une certaine société civile, il s'ensuit que ce n'est point aux maximes de la raison qu'il faut demander les principes et les fondements naturels de l'État, mais qu'il faut les déduire de la nature et de la condition commune de l'humanité ; et c'est ce que j'ai entrepris de faire au chapitre suivant.

Chapitre II

Du droit naturel

1. Dans notre *Traité théologico-politique* nous avons défini le droit naturel et civil [160], et dans notre *Éthique* nous avons expliqué ce que c'est que péché, mérite, justice, injustice [161], et enfin en quoi consiste la liberté humaine [162] ; mais, pour que le lecteur n'ait pas la peine d'aller chercher ailleurs des principes qui se rapportent essentiellement au sujet du présent ouvrage, je vais les développer une seconde fois et en donner la démonstration régulière.

2. Toutes les choses de la nature peuvent être également conçues d'une façon adéquate, soit qu'elles existent, soit qu'elles n'existent pas. De même donc que le principe en vertu duquel elles commencent

d'exister ne peut se conclure de leur définition, il en faut dire autant du principe qui les fait persévérer dans l'existence. En effet, leur essence idéale, après qu'elles ont commencé d'exister, est la même qu'auparavant ; par conséquent, le principe qui les fait persévérer dans l'existence ne résulte pas plus de leur essence que le principe qui les fait commencer d'exister ; et la même puissance dont elles ont besoin pour commencer d'être, elles en ont besoin pour persévérer dans l'être. D'où il suit que la puissance qui fait être les choses de la nature, et par conséquent celle qui les fait agir, ne peut être autre que l'éternelle puissance de Dieu. Supposez, en effet, que ce fût une autre puissance, une puissance créée, elle ne pourrait se conserver elle-même, ni par conséquent conserver les choses de la nature ; mais elle aurait besoin pour persévérer dans l'être de la même puissance qui aurait été nécessaire pour la créer.

3. Ce point une fois établi, savoir que la puissance des choses de la nature en vertu de laquelle elles existent et agissent est la propre puissance de Dieu, il est aisé de comprendre ce que c'est que le droit naturel. En effet, Dieu ayant droit sur toutes choses, et ce droit de Dieu étant la puissance même de Dieu, en tant qu'elle est considérée comme absolument libre, il suit de là que chaque être a naturellement autant de droit qu'il a de puissance pour exister et pour agir. En effet, cette puissance n'est autre que la puissance même de Dieu, laquelle est absolument libre.

4. Par droit naturel j'entends donc les lois mêmes de la nature ou les règles selon lesquelles se font toutes choses, en d'autres termes, la puissance de la nature elle-même ; d'où il résulte que le droit de toute la nature et partant le droit de chaque individu s'étend jusqu'où s'étend sa puissance ; et par conséquent tout ce que chaque homme fait d'après les lois de la nature, il le fait du droit suprême de la nature, et autant il a de puissance, autant il a de droit.

5. Si donc la nature humaine était ainsi constituée que les hommes vécussent selon les seules prescriptions de la raison et ne fissent aucun effort pour aller au-delà, alors le droit naturel, en tant qu'on le considère comme se rapportant proprement au genre humain, serait déterminé par la seule puissance de la raison. Mais les hommes sont moins conduits par la raison que par l'aveugle désir, et en conséquence

la puissance naturelle des hommes, ou, ce qui est la même chose, leur droit naturel, ne doit pas être défini par la raison, mais par tout appétit quelconque qui les détermine à agir et à faire effort pour se conserver. J'en conviens, au surplus : ces désirs qui ne tirent pas leur origine de la raison sont moins des actions de l'homme que des passions. Mais, comme il s'agit ici de la puissance universelle ou, en d'autres termes, du droit universel de la nature, nous ne pouvons présentement reconnaître aucune différence entre les désirs qui proviennent de la raison et ceux qui sont engendrés en nous par d'autres causes, ceux-ci comme ceux-là étant des effets de la nature et des développements de cette énergie naturelle en vertu de laquelle l'homme fait effort pour persévérer dans son être. L'homme, en effet, sage ou ignorant, est une partie de la nature, et tout ce qui détermine chaque homme à agir doit être rapporté à la puissance de la nature, en tant que cette puissance peut être définie par la nature de tel ou tel individu ; car, qu'il obéisse à la raison ou à la seule passion, l'homme ne fait rien que selon les lois et les règles de la nature, c'est-à-dire (par l'article 4 du présent chapitre) selon le droit naturel.

6. Mais la plupart des philosophes s'imaginent que les ignorants, loin de suivre l'ordre de la nature, le violent au contraire, et ils conçoivent les hommes dans la nature comme un État dans l'État. A les en croire, en effet, l'âme humaine n'est pas produite par des causes naturelles, mais elle est créée immédiatement par Dieu dans un tel état d'indépendance par rapport au reste des choses qu'elle a un pouvoir absolu de se déterminer et d'user parfaitement de la raison. Or l'expérience montre surabondamment qu'il n'est pas plus en notre pouvoir de posséder une âme saine qu'un corps sain. De plus, chaque être faisant effort, autant qu'il est en lui, pour conserver son être, il n'est point douteux que, s'il dépendait aussi bien de nous de vivre selon les préceptes de la raison que d'être conduits par l'aveugle désir, tous les hommes se confieraient à la raison et régleraient sagement leur vie, et c'est ce qui n'arrive pas. Car chacun a son plaisir particulier qui l'entraîne, *trahit sua quemque voluptas* [163] ; et les théologiens n'ôtent pas cette difficulté en soutenant que la cause de cette impuissance de l'homme, c'est un vice ou un péché de la nature humaine, lequel a son origine dans la chute de notre premier père. Car supposez que le

premier homme ait eu également le pouvoir de se maintenir ou de tomber, donnez-lui une âme maîtresse d'elle-même et dans un état parfait d'intégrité, comment se fait-il qu'étant plein de science et de prudence il soit tombé ? c'est, direz-vous, qu'il a été trompé par le diable. Mais le diable lui-même, qui donc l'a trompé ? qui a fait de lui, c'est-à-dire de la première de toutes les créatures intelligentes, un être assez insensé pour vouloir s'élever au-dessus de Dieu ? En possession d'une âme saine, ne faisait-il pas naturellement effort, autant qu'il était en lui, pour maintenir son état et conserver son être ? Et puis le premier homme lui-même, comment se fait-il qu'étant maître de son âme et de sa volonté il ait été séduit et se soit laissé prendre dans le fond même de son âme ? S'il a eu le pouvoir de bien user de sa raison, il n'a pu être trompé, il a fait nécessairement effort, autant qu'il était en lui, pour conserver son être et maintenir son âme saine. Or, vous supposez qu'il a eu ce pouvoir ; il a donc nécessairement conservé son âme saine et n'a pu être trompé, ce qui est démenti par sa propre histoire. Donc il faut avouer qu'il n'a pas été au pouvoir du premier homme d'user de la droite raison, et qu'il a été, comme nous, sujet aux passions.

7. Que l'homme, ainsi que tous les autres individus de la nature, fasse effort autant qu'il est en lui pour conserver son être, c'est ce que personne ne peut nier. S'il y avait ici, en effet, quelque différence entre les êtres, elle ne pourrait venir que d'une cause, c'est que l'homme aurait une volonté libre. Or, plus vous concevrez l'homme comme libre, plus vous serez forcé de reconnaître qu'il doit nécessairement se conserver et être maître de son âme, conséquence que chacun m'accordera aisément, pourvu qu'il ne confonde pas la liberté avec la contingence. La liberté, en effet, c'est la vertu ou la perfection. Donc tout ce qui accuse l'homme d'impuissance ne peut être rapporté à sa liberté. C'est pourquoi on ne pourrait pas dire que l'homme est libre en tant qu'il peut ne pas exister ou en tant qu'il peut ne pas user de sa raison ; s'il est libre, c'est en tant qu'il peut exister et agir selon les lois de la nature humaine. Plus donc nous considérons l'homme comme libre, moins il nous est permis de dire qu'il peut ne pas user de sa raison et choisir le mal de préférence au bien ; et par conséquent Dieu, qui existe d'une manière absolument libre, pense et agit nécessairement de la même manière, je veux dire qu'il existe, pense et agit par la

nécessité de sa nature. Car il n'est pas douteux que Dieu n'agisse comme il existe, avec la même liberté, et puisqu'il existe par la nécessité de sa nature, c'est aussi par la nécessité de sa nature qu'il agit, c'est-à-dire librement.

8. Nous concluons donc qu'il n'est pas au pouvoir de tout homme d'user toujours de la droite raison et de s'élever au faîte de la liberté humaine, que tout homme cependant fait toujours effort, autant qu'il est en lui, pour conserver son être, enfin que tout ce qu'il tente de faire et tout ce qu'il fait (son droit n'ayant d'autre mesure que sa puissance), il le tente et le fait, sage ou ignorant, en vertu du droit suprême de la nature. Il suit de là que le droit naturel, sous l'empire duquel tous les hommes naissent et vivent, ne défend rien que ce que personne ne désire ou ne peut faire ; il ne repousse donc ni les contentions, ni les haines, ni la colère, ni les ruses, ni rien enfin de ce que l'appétit peut conseiller. Et cela n'a rien de surprenant ; car la nature n'est pas renfermée dans les lois de la raison humaine, lesquelles n'ont rapport qu'à l'utilité vraie et à la conservation des hommes ; mais elle embrasse une infinité d'autres lois qui regardent l'ordre éternel de la nature entière, dont l'homme n'est qu'une parcelle, ordre nécessaire par qui seul tous les individus sont déterminés à exister et à agir d'une manière donnée.

9. Il suit encore de là que tout homme appartient de droit à autrui aussi longtemps qu'il tombe sous son pouvoir, et qu'il s'appartient à lui-même dans la mesure où il peut repousser toute violence, réparer à son gré le dommage qui lui a été causé, en un mot, vivre absolument comme il lui plaît.

10. Je dis qu'un homme en a un autre sous son pouvoir, quand il le tient enchaîné, ou quand il lui a ôté ses armes et les moyens de se défendre ou de s'évader, ou encore quand il le maîtrise par la crainte, ou enfin quand il se l'est tellement attaché par ses bienfaits que celui-ci veut obéir aux volontés de son bienfaiteur de préférence aux siennes propres et vivre à son gré plutôt qu'au sien. Dans le premier cas et dans le second, on tient le corps, mais point l'âme ; dans les deux autres, au contraire, on tient l'âme aussi bien que le corps, mais seulement tant que dure la crainte ou l'espérance ; car, ces sentiments disparus, l'esclave redevient son maître.

11. La faculté qu'a l'âme de porter des jugements peut aussi tomber sous le droit d'autrui, en tant qu'un homme peut être trompé par un autre homme. D'où il suit que l'âme n'est entièrement sa maîtresse que lorsqu'elle est capable d'user de la droite raison. Il y a plus, comme la puissance humaine ne doit pas tant se mesurer à la vigueur du corps qu'à la force de l'âme, il en résulte que ceux-là s'appartiennent le plus à eux-mêmes qui possèdent au plus haut degré la raison et sont le plus conduits par elle. Et par conséquent je dis que l'homme est parfaitement libre en tant qu'il est conduit par la raison ; car alors il est déterminé à agir en vertu de causes qui s'expliquent d'une façon adéquate par sa seule nature, bien que d'ailleurs ces causes le déterminent nécessairement. La liberté, en effet, (comme je l'ai montré à l'article 7 du présent chapitre), la liberté n'ôte pas la nécessité d'agir, elle la pose.

12. La parole donnée à autrui, quand quelqu'un s'engage, de bouche seulement, à faire telle ou telle chose qu'il était dans son droit de ne pas faire, ou à ne pas faire telle ou telle chose qu'il était dans son droit de faire, cette parole ne reste valable qu'autant que celui qui l'a donnée ne change pas de volonté. Car, s'il a le pouvoir de reprendre sa promesse, il n'a en réalité rien cédé de son droit, il n'a donné que des paroles. Si donc l'individu, qui est son propre juge par droit de nature, a jugé, à tort ou à raison (car l'homme est sujet à l'erreur), qu'il résulte de l'engagement contracté plus de dommage que d'utilité, il estimera qu'il y a lieu de le violer, et en vertu du droit naturel (par l'article 9 du présent chapitre) il le violera.

13. Si deux individus s'unissent ensemble et associent leurs forces, ils augmentent ainsi leur puissance et par conséquent leur droit ; et plus il y aura d'individus ayant aussi formé alliance, plus tous ensemble auront de droit.

14. Tant que les hommes sont en proie à la colère, à l'envie et aux passions haineuses, ils sont tiraillés en divers sens et contraires les uns aux autres, d'autant plus redoutables qu'ils ont plus de puissance, d'habileté et de ruse que le reste des animaux ; or les hommes dans la plupart de leurs actes étant sujets par leur nature aux passions (comme nous l'avons dit à l'article 3 du chapitre précédent), il s'ensuit que les

hommes sont naturellement ennemis. Car mon plus grand ennemi, c'est celui que j'ai le plus à craindre et dont j'ai le plus à me garder.

15. Nous avons vu (à l'article 9 du présent chapitre) que chaque individu dans l'état de nature s'appartient à lui-même tant qu'il peut se mettre à l'abri de l'oppression d'autrui ; or, comme un seul homme est incapable de se garder contre tous, il s'ensuit que le droit naturel de l'homme, tant qu'il est déterminé par la puissance de chaque individu et ne dérive que de lui, est nul ; c'est un droit d'opinion plutôt qu'un droit réel, puisque rien n'assure qu'on en jouira avec sécurité. Et il est certain que chacun a d'autant moins de puissance, par conséquent d'autant moins de droit, qu'il a un plus grand sujet de crainte. Ajoutez à cela que les hommes sans un secours mutuel pourraient à peine sustenter leur vie et cultiver leur âme. D'où nous concluons que le droit naturel, qui est le propre du genre humain, ne peut guère se concevoir que là où les hommes ont des droits communs, possèdent ensemble des terres qu'ils peuvent habiter et cultiver, sont enfin capables de se défendre, de se fortifier, de repousser toute violence, et de vivre comme ils l'entendent d'un consentement commun, Or (par l'article 13 du présent chapitre), plus il y a d'hommes qui forment ainsi un seul corps, plus tous ensemble ont de droit, et si c'est pour ce motif, savoir, que les hommes dans l'état de nature peuvent à peine s'appartenir à eux-mêmes, si c'est pour cela que les scolastiques ont dit que l'homme est un animal sociable, je n'ai pas à y contredire.

16. Partout où les hommes ont des droits communs et sont pour ainsi dire conduits par une seule âme, il est certain (par l'article 13 du présent chapitre) que chacun d'eux a d'autant moins de droits que les autres ensemble sont plus puissants que lui, en d'autres termes, il n'a d'autre droit que celui qui lui est accordé par le droit commun. Du reste, tout ce qui lui est commandé par la volonté générale, il est tenu d'y obéir, et (par l'article 4 du présent chapitre) on a le droit de l'y forcer.

17. Ce droit, qui est défini par la puissance de la multitude ; on a coutume de l'appeler l'*État*. Et celui-là est en pleine possession de ce droit qui, du consentement commun, prend soin de la chose publique, c'est-à-dire établit les lois, les interprète et les abolit, fortifie les villes, décide de la guerre et de la paix, etc. Que si tout cela se fait par une assemblée sortie de la masse du peuple, l'État s'appelle *démocratie* ; si

c'est par quelques hommes choisis, l'État s'appelle *aristocratie* ; par un seul enfin, *monarchie* .

18. Il résulte des points établis en ce chapitre que dans l'état de nature il n'y a pas de péché, ou que si quelqu'un pèche, c'est envers soi-même et non envers autrui ; personne en effet dans l'état de nature n'est tenu de se conformer, à moins que ce ne soit de son plein gré, aux volontés d'autrui, ni de trouver bon ou mauvais autre chose que ce que lui-même juge bon ou mauvais selon son caractère, et rien n'est absolument défendu par le droit naturel que ce que nul ne peut faire (voyez les articles 5 et 8 du présent chapitre). Or, qu'est-ce que le *péché* ? une action qui ne peut être faite à bon droit. Que si les hommes étaient tenus par institution naturelle d'être conduits par la raison, tous alors seraient nécessairement conduits par la raison ; car les institutions de la nature sont les institutions de Dieu (par les articles 2 et 3 du présent chapitre), et Dieu les a établies librement, aussi librement qu'il existe ; d'où il suit qu'elles résultent de la nature divine (voyez l'article 7 du présent chapitre), et par conséquent qu'elles sont éternelles et ne peuvent être violées. Mais les hommes sont presque toujours conduits par l'appétit sans raison, ce qui n'empêche pas qu'ils ne suivent nécessairement l'ordre de la nature, loin de le troubler ; et c'est pourquoi l'ignorant, dont l'âme est impuissante, n'est pas plus obligé par le droit naturel de gouverner sa vie avec sagesse que le malade n'est tenu d'avoir un corps sain.

19. Ainsi donc le péché ne se peut concevoir que dans un ordre social où le bien et le mal sont déterminés par le droit commun, et où nul ne fait à bon droit (par l'article 16 du présent chapitre) que ce qu'il fait conformément à la volonté générale. Le *péché* , en effet, c'est (comme nous l'avons dit à l'article précédent) ce qui ne peut être fait à bon droit, ou ce qui est défendu par la loi ; l'*obéissance* , au contraire, c'est la volonté constante d'exécuter ce que la loi déclare bon, ou ce qui est conforme à la volonté générale.

20. Il est d'usage cependant d'appeler aussi *péché* ce qui se fait contre le commandement de la saine raison, et *obéissance* la volonté constante de modérer ses appétits selon les prescriptions de la raison ; à quoi je consentirais volontiers, si la liberté de l'homme consistait dans la licence de l'appétit et sa servitude dans l'empire de la raison.

Mais comme la liberté humaine est d'autant plus grande que l'homme est plus capable d'être conduit par la raison et de modérer ses appétits, ce n'est donc qu'improprement que nous pouvons appeler *obéissance* la vie raisonnable, et *péché* ce qui est en réalité impuissance de l'âme et non licence, ce qui fait l'homme esclave plutôt que libre. Voyez les articles 7 et 11 du présent chapitre.

21. Toutefois comme la raison nous enseigne à pratiquer la piété et à vivre d'un esprit tranquille et bon, ce qui n'est possible que dans la condition sociale, et en outre, comme il ne peut se faire qu'un grand nombre d'hommes soit gouverné comme par une seule âme (ainsi que cela est requis pour constituer un État), s'il n'a un ensemble de lois instituées d'après les prescriptions de la raison, ce n'est donc pas tout à fait improprement que les hommes, accoutumés qu'ils sont à vivre en société, ont appelé *péché* ce qui se fait contre le commandement de la raison. Maintenant pourquoi ai-je dit (à l'article 18 de ce chapitre) que, dans l'état de nature, l'homme, s'il pèche, ne pèche que contre soi-même, c'est ce qui sera éclairci bientôt (au chapitre IV, articles 4 et 5), quand je montrerai dans quel sens nous pouvons dire que celui qui gouverne l'État et tient en ses mains le droit naturel est soumis aux lois et peut pécher.

22. Pour ce qui regarde la religion, il est également certain que l'homme est d'autant plus libre et d'autant plus soumis à lui-même qu'il a plus d'amour pour Dieu et l'honore d'un cœur plus pur. Mais en tant que nous considérons, non pas l'ordre de la nature qui nous est inconnu, mais les seuls commandements de la raison touchant les choses religieuses, en tant aussi que nous remarquons que ces mêmes commandements nous sont révélés par Dieu au dedans de nous-mêmes, et ont été révélés aux prophètes à titre de lois divines, à ce point de vue, nous disons que c'est obéir à Dieu que de l'aimer d'un cœur pur, et que c'est pécher que d'être gouverné par l'aveugle passion. Il faut toutefois ne pas oublier que nous sommes dans la puissance de Dieu comme l'argile dans celle du potier, lequel tire d'une même matière des vases destinés à l'ornement et d'autres vases destinés à un usage vulgaire [164] ; d'où il suit que l'homme peut, à la vérité, faire quelque chose contre ces décrets de Dieu inscrits à titre de lois, soit dans notre âme, soit dans l'âme des prophètes ; mais il ne peut rien

contre ce décret éternel de Dieu inscrit dans la nature universelle, et qui regarde l'ordre de toutes choses.

23. De même donc que le péché et l'obéissance, pris dans le sens le plus strict, ne se peuvent concevoir que dans la vie sociale, il en faut dire autant de la justice et de l'injustice. Car, il n'y a rien dans la nature qui appartienne à bon droit à celui-ci plutôt qu'à celui-là ; mais toutes choses sont à tous, et tous ont le pouvoir de se les approprier. Mais dans l'état de société, du moment que le droit commun établit ce qui est à celui-ci et ce qui est à celui-là, l'homme *juste* est celui dont la constante volonté est de rendre à chacun ce qui lui est dû ; l'homme *injuste* celui qui, au contraire, s'efforce de faire sien ce qui est à autrui.

24. Pour ce qui est de la louange et du blâme, nous avons expliqué dans notre *Éthique* [1651] que ce sont des affections de joie et de tristesse, accompagnées de l'idée de la vertu ou de l'impuissance humaine à titre de cause.

Chapitre III

Du droit des pouvoirs souverains

1. Tout État, quel qu'il soit, forme un *ordre civil* , le corps entier de l'État s'appelle *cité* et les affaires communes de l'État, celles qui dépendent du chef du gouvernement, constituent la *république* . Nous appelons les membres de l'État *citoyens* en tant qu'ils jouissent de tous les avantages de la cité, et *sujets* en tant qu'ils sont tenus d'obéir aux institutions et aux lois. Enfin il y a trois sortes d'ordres civils, la *démocratie* , l' *aristocratie* et la *monarchie* (comme nous l'avons dit au chapitre précédent, article 17). Avant de traiter de chacune de ces formes politiques en particulier, je commencerai par établir les principes qui concernent l'ordre civil en général, et avant tout je parlerai du *droit suprême de l'État* ou du *droit des pouvoirs souverains* .

2. Il est évident par l'article 15 du chapitre précédent que le droit de l'État ou des pouvoirs souverains n'est autre chose que le droit naturel lui-même, en tant qu'il est déterminé, non pas par la puissance

de chaque individu, mais par celle de la multitude agissant comme avec une seule âme ; en d'autres termes, le droit du souverain, comme celui de l'individu dans l'état de nature, se mesure sur sa puissance. D'où il suit que chaque citoyen ou sujet a d'autant moins de droit que l'État tout entier a plus de puissance que lui (voyez l'article 16 du chapitre précédent), et par conséquent chaque citoyen n'a droit qu'à ce qui lui est garanti par l'État.

3. Supposez que l'État accorde à un particulier le droit de vivre à sa guise et conséquemment qu'il lui en donne la puissance (car autrement, en vertu de l'article 12 du précédent chapitre, il ne lui donnerait que des paroles), par cela même il cède quelque chose de son propre droit et le transporte au particulier dont il s'agit. Mais supposez qu'il accorde ce même droit à deux particuliers ou à un plus grand nombre, par cela même l'État est divisé ; et si enfin vous admettez que l'État donne ce pouvoir à tous les particuliers, voilà l'État détruit et l'on revient à la condition naturelle : toutes conséquences qui résultent manifestement de ce qui précède. Il suit de là qu'on ne peut concevoir en aucune façon qu'il soit permis *légalement* à chaque citoyen de vivre à sa guise, et par suite, ce droit naturel en vertu duquel chaque individu est son juge à lui-même cesse nécessairement dans l'ordre social. Remarquez que j'ai parlé expressément d'une permission légale ; car, à y bien regarder, le droit naturel de chacun ne cesse pas absolument dans l'ordre social. L'homme, en effet, dans l'ordre social comme dans l'ordre naturel, agit d'après les lois de sa nature et cherche son intérêt ; la principale différence, c'est que dans l'ordre social tous craignent les mêmes maux et il y a pour tous un seul et même principe de sécurité, une seule et même manière de vivre, ce qui n'enlève certainement pas à chaque individu la faculté de juger. Car celui qui se détermine à obéir à tous les ordres de l'État, soit par crainte de sa puissance, soit par amour de la tranquillité, celui-là, sans contredit, pourvoit comme il l'entend à sa sécurité et à son intérêt.

4. Nous ne pouvons non plus concevoir qu'il soit permis à chaque citoyen d'interpréter les décrets et les lois de l'État. Si, en effet, on lui accordait ce droit, il serait alors son propre juge à lui-même, puisqu'il pourrait sans peine revêtir ses actions d'une apparence légale, et par

conséquent vivre entièrement à sa guise, ce qui est absurde (par l'article précédent).

5. Nous voyons donc que chaque citoyen, loin d'être son maître, relève de l'État, dont il est obligé d'exécuter tous les ordres, et qu'il n'a aucun droit de décider ce qui est juste ou injuste, pieux ou impie ; mais au contraire le corps de l'État devant agir comme par une seule âme, et en conséquence la volonté de l'État devant être tenue pour la volonté de tous, ce que l'État déclare juste et bon on le doit considérer comme déclaré tel par chacun. D'où il suit qu'alors même qu'un sujet estimerait iniques les décrets de l'État, il n'en serait pas moins tenu de les exécuter.

6. Mais, dira-t-on, n'est-il pas contre la raison qu'un homme se soumette absolument au jugement d'autrui ? et à ce compte l'ordre social répugnerait à la raison, d'où il faudrait conclure que l'ordre social est déraisonnable, et qu'il ne peut être institué que par des hommes dépourvus de raison. Je réponds que la raison n'est jamais contraire à la nature, et par conséquent que la saine raison ne peut ordonner que chaque individu reste son maître, tant qu'il est sujet aux passions (par l'article 15 du précédent chapitre) : ce qui revient à dire (par l'article 5 du chapitre I) que, selon la saine raison, cela est absolument impossible. Ajoutez que la raison nous prescrit impérieusement de chercher la paix, laquelle n'est possible que si les droits de l'État sont préservés de toute atteinte, et en conséquence plus un homme est conduit par la raison, c'est-à-dire (par l'article 11 du précédent chapitre), plus il est libre, plus constamment il maintiendra les droits de l'État et se conformera aux ordres du souverain dont il est le sujet. Ajoutez à cela que l'ordre social est naturellement institué pour écarter la crainte commune et se délivrer des communes misères, et par conséquent qu'il tend surtout à assurer à ses membres les biens que tout homme, conduit par sa raison, se serait efforcé de se procurer dans l'ordre naturel, mais bien vainement (par l'article 15 du chapitre précédent). C'est pourquoi, si un homme conduit par la raison est forcé quelquefois de faire par le décret de l'État ce qu'il sait contraire à la raison, ce dommage est compensé avec avantage par le bien qu'il retire de l'ordre social lui-même. Car c'est aussi une loi de la raison qu'entre deux maux il faut choisir le moindre, et par conséquent nous pouvons

conclure qu'en aucune rencontre un citoyen qui agit selon l'ordre de l'État ne fait rien qui soit contraire aux prescriptions de sa raison, et c'est ce que tout le monde nous accordera, quand nous aurons expliqué jusqu'où s'étend la puissance et partant le droit de l'État.

7. Et d'abord, en effet, de même que dans l'état de nature l'homme le plus puissant et qui s'appartient le plus à lui-même est celui qui est conduit par la raison (en vertu de l'article 11 du chapitre précédent), de même l'État le plus puissant et le plus maître de soi, c'est l'État qui est fondé selon la raison et dirigé par elle. Car le droit de l'État est déterminé par la puissance de la multitude en tant qu'elle est conduite comme par une seule âme. Or cette union des âmes ne pourrait en aucune manière se concevoir, si l'État ne se proposait pour principale fin ce qui est reconnu utile à tous par la saine raison.

8. Il faut considérer en second lieu que si les sujets ne s'appartiennent pas à eux-mêmes mais appartiennent à l'État, c'est en tant qu'ils craignent sa puissance ou ses menaces, c'est-à-dire en tant qu'ils aiment la vie sociale (par l'article 10 du précédent chapitre). D'où il suit que tous les actes auxquels personne ne peut être déterminé par des promesses ou des menaces ne tombent point sous le droit de l'État. Personne, par exemple, ne peut se dessaisir de la faculté de juger. Par quelles récompenses, en effet, ou par quelles promesses amènerez-vous un homme à croire que le tout n'est pas plus grand que sa partie, ou que Dieu n'existe pas, ou que le corps qu'il voit fini est l'être infini, et généralement à croire le contraire de ce qu'il sent et de ce qu'il pense ? Et de même, par quelles récompenses ou par quelles menaces le déciderez-vous à aimer ce qu'il hait ou à haïr ce qu'il aime ? J'en dis autant de ces actes pour lesquels la nature humaine ressent une répugnance si vive qu'elle les regarde comme les plus grands des maux, par exemple, qu'un homme rend témoignage contre lui-même, qu'il se torture, qu'il tue ses parents, qu'il ne s'efforce pas d'éviter la mort, et autres choses semblables où la récompense et la menace ne peuvent rien. Que si nous voulions dire toutefois que l'État a le droit ou le pouvoir de commander de tels actes, ce ne pourrait être que dans le même sens où l'on dit que l'homme a le droit de tomber en démence et de délirer. Un droit, en effet, auquel nul ne peut être astreint, qu'est-ce autre chose qu'un délire ? Et je parle ici expressément de ces actes qui

ne peuvent tomber sous le droit de l'État et auxquels la nature humaine répugne généralement. Car qu'un sot ou un fou ne puisse être amené par aucune promesse, ni par aucune menace, à exécuter les ordres de l'État, que tel ou tel individu, par cela seul qu'il est attaché à telle ou telle religion, se persuade que les droits de l'État sont les plus grands des maux, les droits de l'État ne sont pas pour cela frappés de nullité, puisque le plus grand nombre des citoyens continue à en reconnaître l'empire ; et par conséquent, comme ceux qui ne craignent ni n'espèrent rien à ce titre ne relèvent plus que d'eux-mêmes (par l'article 10 du précédent chapitre), il s'ensuit que ce sont des ennemis de l'État (par l'article 14 du même chapitre) et qu'on a le droit de les contraindre.

9. On doit remarquer en troisième lieu que des décrets capables de jeter l'indignation dans le cœur du plus grand nombre des citoyens ne sont plus dès lors dans le droit de l'État. Car il est certain que les hommes tendent naturellement à s'associer, dès qu'ils ont une crainte commune ou le désir de venger un dommage commun ; or le droit de l'État ayant pour définition et pour mesure la puissance commune de la multitude, il s'ensuit que la puissance et le droit de l'État diminuent d'autant plus que l'État lui-même fournit à un plus grand nombre de citoyens des raisons de s'associer dans un grief commun. Aussi bien il en est de l'État comme des individus : il a, lui aussi, ses sujets de crainte, et plus ses craintes augmentent, moins il est son maître.

Voilà ce que j'avais à dire du droit des pouvoirs souverains sur les sujets ; maintenant, avant de traiter de leur droit sur les étrangers, il y a une question qu'il me semble à propos de résoudre, celle qu'on a coutume de soulever touchant la religion.

10. On peut en effet nous dire : est-ce que l'état social et l'obéissance qu'il requiert de la part des sujets ne détruisent pas la religion qui nous oblige par rapport à Dieu ? A quoi je réponds que si nous pesons bien la chose, tout scrupule disparaîtra. En effet, l'âme, en tant qu'elle use de la raison, n'appartient pas aux pouvoirs souverains, mais elle s'appartient à elle-même (par l'article 11 du chapitre précédent). Par conséquent, la vraie connaissance et l'amour de Dieu ne peuvent être sous l'empire de qui que ce soit, pas plus que la charité envers le prochain (par l'article 8 du même chapitre) ; et si nous

considérons, en outre, que le véritable ouvrage de la charité, c'est de procurer le maintien de la paix et l'établissement de la concorde, nous ne douterons pas que celui-là n'accomplisse véritablement son devoir qui porte secours à chacun dans la mesure compatible avec les droits de l'État, c'est-à-dire avec la concorde et la tranquillité. Pour ce qui est des cultes extérieurs, il est certain qu'ils ne peuvent être ni un secours, ni un obstacle à la vraie connaissance de Dieu et à l'amour qui en résulte nécessairement ; d'où il suit qu'il ne faut pas y attacher assez d'importance pour compromettre à cause d'eux la paix et la tranquillité publiques. Il est certain, du reste, que moi, simple particulier, je ne suis pas, en vertu du droit naturel, c'est-à-dire (par l'article 3 du chapitre précédent) en vertu du décret divin, je ne suis pas, dis-je, le défenseur de la religion ; car je n'ai point, comme l'avaient autrefois les disciples du Christ, le pouvoir de chasser les esprits immondes et de faire des miracles ; or ce pouvoir est tellement nécessaire pour propager la religion aux lieux où elle est interdite, que sans lui non-seulement l'huile et la peine, comme on dit, sont perdues, mais encore on s'expose à être molesté de mille façons, ce dont tous les siècles ont vu les exemples les plus funestes. Tout homme donc, en quelque lieu qu'il soit, peut s'acquitter envers Dieu des obligations de la religion vraie et veiller à faire son propre salut, ce qui est le devoir d'un particulier. Quant au soin de propager la religion, cela regarde Dieu lui-même ou les pouvoirs souverains, seuls chargés des intérêts de la chose publique. Mais il est temps de reprendre la suite de mon sujet.

11. Le droit des pouvoirs souverains sur les citoyens et le devoir des sujets ayant été précédemment expliqués, il reste à considérer le droit de ces mêmes pouvoirs sur les étrangers, ce qui se déduira aisément des principes posés plus haut. En effet, puisque (par l'article 2 du présent chapitre) le droit du souverain n'est autre chose que le droit naturel lui-même, il s'ensuit que deux empires sont à l'égard l'un de l'autre comme deux individus dans l'état de nature, avec cette différence qu'un empire peut se préserver de l'oppression étrangère, ce dont l'individu est incapable dans l'état de nature, étant accablé tous les jours par le sommeil, souvent par la maladie ou les inquiétudes morales, par la vieillesse enfin, sans parler de mille autres inconvénients dont un empire peut s'affranchir.

12. Ainsi donc un État s'appartient à lui-même, en tant qu'il peut veiller à sa propre conservation et se garantir de l'oppression étrangère (par les articles 9 et 15 du chapitre précédent) ; il tombe sous le droit d'autrui, en tant qu'il craint la puissance d'un autre État (par les articles 10 et 15 du même chapitre), ou bien entant que cet État l'empêche de faire ce qui lui convient, ou encore en tant qu'il a besoin de cet État pour se conserver et pour s'agrandir ; car si deux États veulent se prêter un mutuel secours, il est clair qu'à eux deux ils ont plus de pouvoir et partant plus de droit que chacun isolé (voyez l'article 13 du chapitre précédent).

13. Mais cela peut être compris plus clairement, si nous considérons que deux États sont naturellement ennemis. Les hommes, en effet, dans la condition naturelle sont ennemis les uns des autres (par l'article 14 du chapitre précédent) ; ceux donc qui, ne faisant point partie d'un même État gardent vis-à-vis l'un de l'autre les rapports du droit naturel, restent ennemis. C'est pourquoi, si un État veut déclarer la guerre à un autre État et employer les moyens extrêmes pour se l'assujettir, il peut l'entreprendre à bon droit, puisque pour faire la guerre il n'a besoin que de le vouloir. Il n'en est pas de même pour la paix ; car un État ne peut la conclure qu'avec le consentement d'un autre État. D'où il suit que le droit de la guerre appartient à tout État, et que le droit de la paix n'appartient pas à un seul État, mais à deux pour le moins, lesquels reçoivent en pareil cas le nom d'États confédérés.

14. Ce pacte d'alliance dure aussi longtemps que la cause qui l'a produit, je veux dire la crainte d'un dommage ou l'espoir d'un accroissement. Cette crainte ou cet espoir venant à cesser pour l'un quelconque des deux États, il reste maître de sa conduite (par l'article 10 du chapitre précédent) et le lien qui unissait les États confédérés est immédiatement dissous. Par conséquent, chaque État a le plein droit de rompre l'alliance chaque fois qu'il le veut. Et on ne peut pas l'accuser de ruse ou de perfidie, pour s'être dégagé de sa parole aussitôt qu'il a cessé de craindre ou d'espérer ; car il y avait pour chacune des parties contractantes la même condition, savoir, que la première qui pourrait se mettre hors de crainte redeviendrait sa maîtresse et libre d'agir à son gré ; et de plus personne ne contracte pour l'avenir qu'eu égard aux

circonstances extérieures. Or, ces circonstances venant à changer, la situation tout entière change également, et en conséquence un État retient toujours le droit de veiller à ses intérêts, et par suite il fait effort autant qu'il est en lui pour se mettre hors de crainte, c'est-à-dire pour ne dépendre que de lui-même, et pour empêcher qu'un autre État ne devienne plus fort que lui. Si donc un État se plaint d'avoir été trompé, ce n'est pas la bonne foi de l'État allié qu'il peut accuser, mais sa propre sottise d'avoir confié son salut à un État étranger, lequel ne relève que de lui-même et regarde son propre salut comme la suprême loi.

15. C'est aux États qui ont fait ensemble un traité de paix qu'appartient le droit de résoudre les questions qui peuvent s'élever sur les conditions de la paix et sur les stipulations réciproquement accordées ; les droits de la paix en effet n'appartiennent pas à un seul État, mais à tous ceux qui ont contracté ensemble (par l'article 13 du présent chapitre). D'où il résulte que si on ne s'entend pas sur ces questions, c'est l'état de guerre qui revient.

16. Plus il y a d'États qui font la paix ensemble, moins chacun d'eux est redevable aux autres, moins par conséquent chacun d'eux a le pouvoir de faire la guerre ; mais plus il est tenu de rester fidèle aux conditions de la paix, c'est-à-dire moins il est son maître, et plus il est tenu de s'accommoder à la volonté commune des confédérés.

17. Au surplus, nous ne prétendons nullement anéantir la bonne foi, cette vertu qui nous est également enseignée par la raison et par la sainte Écriture. Ni la raison, en effet, ni l'Écriture ne nous enseignent à garder toute espèce de promesse. Par exemple, si j'ai promis à quelqu'un de lui garder une somme d'argent, je suis dégagé de ma promesse du moment que j'apprends ou que je crois savoir que cet argent est le produit d'un vol ; j'agirai beaucoup mieux en m'occupant de le restituer au légitime propriétaire. De même, quand un souverain s'est engagé à l'égard d'un autre, si plus tard le temps ou la raison lui font voir que son engagement est contraire au salut commun de ses sujets, il ne doit point l'observer. L'Écriture ne prescrivant donc que d'une manière générale de garder sa parole et laissant au jugement de chacun les cas particuliers qui doivent être exceptés, il s'ensuit qu'il n'y a rien dans l'Écriture de contraire à ce que nous avons établi ci-dessus.

18. Mais afin qu'il ne soit pas nécessaire d'interrompre si souvent le fil du discours et de résoudre de semblables objections, j'avertis le lecteur que j'ai démontré tous mes principes en m'appuyant sur la nécessité de la nature humaine prise en général, c'est-à-dire sur l'effort universel que font les hommes pour se conserver, lequel est inhérent à tous, sages ou ignorants ; et par conséquent, dans quelque condition que vous considériez les hommes, soit que la passion, soit que la raison les conduise, la conclusion sera la même, parce que, comme je l'ai dit, la démonstration est universelle.

Chapitre IV

Des grandes affaires d'état

1. Nous avons traité au chapitre précédent du droit des pouvoirs souverains, lequel est déterminé par leur puissance, et nous avons vu que ce qui le constitue essentiellement, c'est qu'il y ait en quelque sorte une âme de l'État qui dirige tous les citoyens ; d'où il suit qu'au souverain seul il appartient de décider ce qui est bon ou mauvais, ce qui est juste ou injuste, en d'autres termes, ce qu'il convient à tous et à chacun de faire ou de ne pas faire. C'est donc au souverain seul de faire les lois, et, quand il s'élève une difficulté à leur sujet, de les interpréter pour chaque cas particulier et de décider si le cas donné est conforme ou non conforme à la loi (voyez les articles 3, 4, 5 du précédent chapitre) ; c'est encore à lui de faire la guerre ou de poser les conditions de la paix, de les offrir ou d'accepter celles qui sont offertes. (Voyez les articles 12 et 13 du même chapitre.)

2. Or tous ces objets, ainsi que les moyens d'exécution nécessaires étant choses qui regardent le corps entier de l'État, c'est-à-dire la république, il s'ensuit que la république dépend entièrement de la seule direction de celui qui a le souverain pouvoir. Et par conséquent, à celui-là seul appartient le droit de juger des actes de chacun, d'exiger de chacun la raison de ses actes, de frapper d'une peine les délinquants, de trancher les différends qui s'élèvent entre citoyens, ou de les faire

régler à sa place par des hommes habiles dans la connaissance des lois, puis d'employer et de disposer toutes les choses nécessaires à la guerre et à la paix, comme de fonder et de fortifier des villes, d'engager des soldats, de distribuer des emplois militaires, de donner des ordres pour tout ce qui doit être fait, d'envoyer et de recevoir des ambassadeurs en vue de la paix, d'exiger enfin des contributions d'argent pour ces différents objets.

3. Ainsi donc puisqu'il n'appartient qu'au seul souverain de traiter les affaires publiques, ou de choisir pour cela des agents appropriés, il s'ensuit que c'est aspirer à être le maître de l'État que d'entreprendre quelque affaire publique à l'insu de l'assemblée suprême, alors même qu'on croirait agir pour le bien de l'État.

4. Mais il y a ici une question qu'on a coutume de poser : le souverain est-il soumis aux lois ? peut-il pécher ? Je réponds que les mots de loi et de péché n'ayant point seulement rapport à la condition sociale, mais aussi aux règles communes qui gouvernent toutes les choses naturelles et particulièrement aux règles de la raison, on ne peut pas dire d'une manière absolue que l'État ne soit astreint à aucune loi et qu'il ne puisse pas pécher. Si, en effet, l'État n'était astreint à aucune loi, à aucune règle, pas même à celles sans lesquelles l'État cesserait d'être l'État, alors l'État dont nous parlons ne serait plus une réalité, mais une chimère. L'État pèche donc quand il fait ou quand il souffre des actes qui peuvent être cause de sa ruine, et, dans ce cas, en disant qu'il pèche, nous parlons dans le même sens où les philosophes et les médecins disent que la nature pèche ; d'où il suit qu'on peut dire à ce point de vue que l'État pèche quand il agit contre les règles de la raison. Nous savons, en effet (par l'article 7 du chapitre précédent), que l'État est d'autant plus son maître qu'il agit davantage selon la raison ; lors donc qu'il agit contre la raison, il se manque à lui-même, il pèche. Et tout cela pourra être mieux compris, si nous considérons que lorsqu'il est dit que chacun peut faire d'une chose qui lui appartient tout ce qu'il veut, ce pouvoir doit être défini, non par la seule puissance de l'agent, mais encore par l'aptitude du patient lui-même. Quand j'affirme, par exemple, que j'ai le droit de faire de cette table tout ce que je veux, assurément je n'entends pas que j'aie le droit de faire que cette table se mette à brouter l'herbe. De même donc, bien que nous disions

que les hommes dans l'ordre social ne s'appartiennent pas à eux-mêmes, mais appartiennent à l'État, nous n'entendons pas pour cela que les hommes perdent la nature humaine et en prennent une autre, ni par conséquent que l'État ait le droit de faire que les hommes aient des ailes, ou, ce qui est la même chose, qu'ils voient avec respect ce qui excite leur risée ou leur dégoût ; mais nous entendons qu'il existe un ensemble de circonstances, lesquelles étant posées, il en résulte pour les hommes des sentiments de respect et de crainte à l'égard de l'État ; lesquelles au contraire étant supprimées, la crainte et le respect s'évanouissent et l'État lui-même n'est plus. Par conséquent, l'État, pour s'appartenir à lui-même, est tenu de conserver les causes de crainte et de respect ; autrement il cesse d'être l'État. Car que le chef de l'État coure, ivre et nu, avec des prostituées, à travers les places publiques, qu'il fasse l'histrion, ou qu'il méprise ouvertement les lois que lui-même a établies, il est aussi impossible que, faisant tout cela, il conserve la majesté du pouvoir, qu'il est impossible d'être en même temps et de ne pas être. Ajoutez que faire mourir, spolier les citoyens, ravir les vierges et autres actions semblables, tout cela change la crainte en indignation et par conséquent l'état social en état d'hostilité.

5. Nous voyons donc en quel sens nous pouvons dire que l'État est astreint aux lois et qu'il peut pécher. Mais si par loi nous entendons le droit civil, ou ce qui peut être revendiqué au nom de ce même droit civil, et par péché ce qui est défendu en vertu du droit civil ; si, en d'autres termes, les mots de loi et de péché sont entendus dans leur sens ordinaire, nous n'avons plus alors aucune raison de dire que l'État soit soumis aux lois, ni qu'il puisse pécher. En effet, si l'État est tenu de maintenir dans son propre intérêt certaines règles, certaines causes de crainte et de respect, ce n'est pas en vertu des droits civils, mais en vertu du droit naturel, puisque (d'après l'article précédent) rien de tout cela ne peut être revendiqué au nom du droit civil, mais seulement par le droit de la guerre ; de sorte que l'État n'est soumis à ces règles que dans le même sens où un homme, dans la condition naturelle, est tenu, afin d'être son maître et de ne pas être son ennemi, de prendre garde de se tuer lui-même. Or ce n'est point-là l'obéissance, mais la liberté de la nature humaine. Quant aux droits civils, ils dépendent du seul décret de l'État, et l'État par conséquent n'est tenu, pour rester libre, que

d'agir à son gré, et non pas au gré d'un autre ; rien ne l'oblige de trouver quoi que ce soit bon ou mauvais que ce qu'il décide lui être bon ou mauvais à lui-même. D'où il suit qu'il a non-seulement le droit de se conserver, de faire les lois et de les interpréter, mais aussi le droit de les abroger et de faire grâce à un accusé quelconque dans la plénitude de son pouvoir.

6. Quant aux contrats ou aux lois par lesquelles la multitude transfère son droit propre aux mains d'une assemblée ou d'un homme, il n'est pas douteux qu'on ne doive les violer, quand il y va du salut commun ; mais dans quel cas le salut commun demande-t-il qu'on viole les lois ou qu'on les observe ? c'est une question que nul particulier n'a le droit de résoudre (par l'article 3 du présent chapitre) ; ce droit n'appartient qu'à celui qui tient le pouvoir et qui seul est l'interprète des lois. Ajoutez que nul particulier ne peut à bon droit revendiquer ces lois, d'où il suit qu'elles n'obligent pas celui qui tient le pouvoir. Que si, toutefois, elles sont d'une telle nature qu'on ne puisse les violer sans énerver du même coup la force de l'État, c'est-à-dire sans substituer l'indignation à la crainte dans le cœur de la plupart des citoyens, dès lors par le fait de leur violation l'État est dissous, le contrat cesse et le droit de la guerre remplace le droit civil. Ainsi donc, celui qui tient le pouvoir n'est tenu d'observer les conditions du contrat social qu'au même sens où un homme dans la condition naturelle, pour ne pas être son propre ennemi, est tenu de prendre garde à ne pas se donner la mort, ainsi que je l'ai expliqué dans l'article précédent.

Chapitre V

De la meilleure condition possible pour un état

1. Nous avons montré, au chapitre II, article 11, que l'homme s'appartient d'autant plus à lui-même qu'il est plus gouverné par la raison, et en conséquence (voyez chap. III, art. 3) que l'état le plus puissant et qui s'appartient le plus à lui-même, c'est celui qui est fondé et dirigé par la raison. Or le meilleur système de

conduite pour se conserver autant que possible étant celui qui se règle sur les commandements de la raison, il s'ensuit que tout ce que fait un homme ou un État en tant qu'il s'appartient le plus possible à lui-même, tout cela est parfaitement bon. Car ce n'est pas la même chose d'agir selon son droit et d'agir parfaitement bien. Cultiver son champ selon son droit est une chose, et le cultiver parfaitement bien en est une autre. Et de même il y a de la différence entre se défendre, se conserver, porter un jugement conformément à son droit, et faire tout cela parfaitement bien. Donc le droit d'occuper le pouvoir et de prendre soin des affaires publiques ne doit pas être confondu avec le meilleur usage possible du pouvoir et le meilleur gouvernement. C'est pourquoi, ayant traité précédemment du droit de l'État en général, le moment est venu de traiter de la meilleure condition possible de chaque État en particulier.

2. La condition d'un État se détermine aisément par son rapport avec la fin générale de l'État qui est la paix et la sécurité de la vie. Par conséquent, le meilleur État, c'est celui où les hommes passent leur vie dans la concorde et où leurs droits ne reçoivent aucune atteinte. Aussi bien c'est un point certain que les séditions, les guerres, le mépris ou la violation des lois doivent être imputés moins à la méchanceté des sujets qu'à la mauvaise organisation du gouvernement. Les hommes ne naissent pas propres ou impropres à la condition sociale, ils le deviennent. Remarquez d'ailleurs que les passions naturelles des hommes sont les mêmes partout. Si donc le mal a plus d'empire dans tel État, s'il s'y commet plus d'actions coupables que dans un autre, cela tient très certainement à ce que cet État n'a pas suffisamment pourvu à la concorde, à ce qu'il n'a pas institué des lois sages, et par suite à ce qu'il n'est pas entré en pleine possession du droit absolu de l'État. En effet, la condition d'une société où les causes de sédition n'ont pas été supprimées, où la guerre est continuellement à craindre, où enfin les lois sont fréquemment violées, une telle condition diffère peu de la condition naturelle où chacun mène une vie conforme à sa fantaisie et toujours grandement menacée.

3. Or, de même qu'il faut imputer à l'organisation de l'État les vices des sujets, leur goût pour l'extrême licence et leur esprit de révolte, de

même c'est à la vertu de l'État, c'est à son droit pleinement exercé qu'il faut attribuer les vertus des sujets et leur attachement aux lois (comme cela résulte de l'article 15 du chapitre II). C'est pourquoi on a eu raison de regarder comme la marque d'un mérite supérieur chez Annibal qu'il n'y ait jamais eu dans son armée aucune sédition [166] .

4. Un État où les sujets ne prennent pas les armes par ce seul motif que la crainte les paralyse, tout ce qu'on en peut dire, c'est qu'il n'a pas la guerre, mais non pas qu'il ait la paix. Car la paix, ce n'est pas l'absence de guerre ; c'est la vertu qui naît de la vigueur de l'âme, et la véritable obéissance (par l'article 19 du chapitre II) est une volonté constante d'exécuter tout ce qui doit être fait d'après la loi commune de l'État. Aussi bien une société où la paix n'a d'autre base que l'inertie des sujets, lesquels se laissent conduire comme un troupeau et ne sont exercés qu'à l'esclavage, ce n'est plus une société, c'est une solitude.

5. Lors donc que je dis que le meilleur gouvernement est celui où les hommes passent leur vie dans la concorde, j'entends par là une vie humaine, une vie qui ne se définit point par la circulation du sang et autres fonctions communes à tous les animaux, mais avant tout par la véritable vie de l'âme, par la raison et la vertu.

6. Mais il faut remarquer qu'en parlant du gouvernement institué pour une telle fin, j'entends celui qu'une multitude libre a établi, et non celui qui a été imposé à une multitude par le droit de la guerre. Une multitude libre, en effet, est conduite par l'espérance plus que par la crainte ; une multitude subjuguée, au contraire, est conduite par la crainte plus que par l'espérance. Celle-là s'efforce de cultiver la vie, celle-ci ne cherche qu'à éviter la mort ; la première veut vivre pour elle-même, la seconde est contrainte de vivre pour le vainqueur ; c'est pourquoi nous disons de l'une qu'elle est libre et de l'autre qu'elle est esclave. Ainsi donc la fin du gouvernement, quand il tombe aux mains du vainqueur par le droit de la guerre, c'est de dominer et d'avoir des esclaves plutôt que des sujets. Et bien qu'il n'y ait entre le gouvernement institué par une multitude libre et celui qui est acquis par le droit de la guerre aucune différence essentielle, à considérer le droit de chacun d'une manière générale, cependant la fin que chacun d'eux se propose, comme nous l'avons déjà montré, et leurs moyens de conservation sont fort différents.

7. Quels sont, pour un prince animé de la seule passion de dominer, les moyens de conserver et d'affermir son gouvernement ? c'est ce qu'a montré fort au long le très pénétrant Machiavel ; mais à quelle fin a-t-il écrit son livre ? voilà ce qui ne se montre pas assez clairement ; s'il a eu un but honnête, comme on doit le croire d'un homme sage, il a voulu apparemment faire voir quelle est l'imprudence de ceux qui s'efforcent de supprimer un tyran, alors qu'il est impossible de supprimer les causes qui ont fait le tyran, ces causes elles-mêmes devenant d'autant plus puissantes qu'on donne au tyran de plus grands motifs d'avoir peur. C'est là ce qui arrive quand une multitude prétend faire un exemple et se réjouit d'un régicide comme d'une bonne action. Machiavel a peut-être voulu montrer combien une multitude libre doit se donner de garde de confier exclusivement son salut à un seul homme, lequel, à moins d'être plein de vanité et de se croire capable de plaire à tout le monde, doit redouter chaque jour des embûches, ce qui l'oblige de veiller sans cesse à sa propre sécurité et d'être plus occupé à tendre des pièges à la multitude qu'à prendre soin de ses intérêts. J'incline d'autant plus à interpréter ainsi la pensée de cet habile homme qu'il a toujours été pour la liberté et a donné sur les moyens de la défendre des conseils très salutaires.

Chapitre VI

De la monarchie

1. Les hommes étant conduits par la passion plus que par la raison, comme on l'a dit plus haut, il s'ensuit que si une multitude vient à s'assembler naturellement et à ne former qu'une seule âme, ce n'est point par l'inspiration de la raison, mais par l'effet de quelque passion commune, telle que l'espérance, la crainte ou le désir de se venger de quelque dommage (ainsi qu'il a été expliqué à l'article 9 du chapitre III). Or comme la crainte de la solitude est inhérente à tous les hommes, parce que nul, dans la solitude, n'a de forces suffisantes pour se défendre, ni pour se procurer les choses indispensables à la vie, c'est une

conséquence nécessaire que les hommes désirent naturellement l'état de société, et il ne peut se faire qu'ils le brisent jamais entièrement.

2. Qu'arrive-t-il donc à la suite des discordes et des séditions souvent excitées dans l'État ? non pas que les citoyens détruisent la cité (comme cela se voit dans d'autres associations), mais ils en changent la forme, quand les dissensions ne peuvent se terminer autrement. C'est pourquoi, lorsque j'ai parlé des moyens requis pour la conservation de l'État, j'ai voulu parler de ceux qui sont nécessaires pour conserver la forme de l'État sans aucun changement notable.

3. Si la nature humaine était ainsi faite que les hommes désirassent par-dessus tout ce qui leur est par-dessus tout utile, il n'y aurait besoin d'aucun art pour établir la concorde et la bonne foi. Mais comme les choses ne vont pas de la sorte, il faut constituer l'État de telle façon que tous, gouvernants et gouvernés, fassent, bon gré, mal gré, ce qui importe au salut commun, c'est-à-dire que tous, soit spontanément, soit par force et par nécessité, soient forcés de vivre selon les prescriptions de la raison, et il en arrivera ainsi, quand les choses seront organisées de telle façon que rien de ce qui intéresse le salut commun ne soit exclusivement confié à la bonne foi d'aucun individu. Nul individu en effet n'est tellement vigilant qu'il ne lui arrive pas une fois de sommeiller, et jamais homme ne posséda une âme assez puissante et assez entière pour ne se laisser entamer et vaincre dans aucune occasion, dans celle-là surtout où il faut déployer une force d'âme extraordinaire. Et certes il y a de la sottise à exiger d'autrui ce que nul ne peut obtenir de soi et à demander à un homme qu'il songe aux autres plutôt qu'à lui-même, qu'il ne soit ni avare, ni envieux, ni ambitieux, etc., quand cet homme est justement exposé tous les jours aux excitations les plus fortes de la passion.

4. D'un autre côté, l'expérience parait enseigner qu'il importe à la paix et à la concorde que tout le pouvoir soit confié à un seul. Aucun gouvernement en effet n'est demeuré aussi longtemps que celui des Turcs sans aucun changement notable, et au contraire il n'y en a pas de plus changeants que les gouvernements populaires ou démocratiques, ni de plus souvent troublés par les séditions. Il est vrai ; mais si l'on donne le nom de paix à l'esclavage, à la barbarie et à la solitude, rien

alors de plus malheureux pour les hommes que la paix. Assurément les discordes entre parents et enfants sont plus nombreuses et plus acerbes qu'entre maîtres et esclaves ; et cependant il n'est pas d'une bonne économie sociale que le droit paternel soit changé en droit de propriété et que les enfants soient traités en esclaves. C'est donc en vue de la servitude et non de la paix qu'il importe de concentrer tout le pouvoir aux mains d'un seul ; car la paix, comme il a été dit, ne consiste pas dans l'absence de la guerre, mais dans l'union des cœurs.

5. Et certes ceux qui croient qu'il est possible qu'un seul homme possède le droit suprême de l'État sont dans une étrange erreur. Le droit en effet se mesure à la puissance, comme nous l'avons montré au chapitre II. Or la puissance d'un seul homme est toujours insuffisante à soutenir un tel poids. D'où il arrive que celui que la multitude a élu roi se cherche à lui-même des gouverneurs, des conseillers, des amis, auxquels il confie son propre salut et le salut de tous, de telle sorte que le gouvernement qu'on croit être absolument monarchique est en réalité aristocratique, aristocratie non pas apparente, mais cachée et d'autant plus mauvaise. Ajoutez à cela que le roi, s'il est enfant, malade ou accablé de vieillesse, n'est roi que d'une façon toute précaire. Les vrais maîtres du pouvoir souverain, ce sont ceux qui administrent les affaires ou qui touchent de plus près au roi, et je ne parle pas du cas où le roi livré à la débauche gouverne toutes choses au gré de telles ou telles de ses maîtresses ou de quelque favori. « J'avais entendu raconter, dit Orsinès [167] , qu'autrefois en Asie les femmes avaient régné ; mais ce qui est nouveau, c'est de voir régner un castrat. »

6. Il est certain d'ailleurs que quand l'État est mis en péril, c'est toujours le fait des citoyens plutôt que des ennemis extérieurs ; car les bons citoyens sont rares. D'où il suit que celui à qui on a déféré tout le droit de l'État craindra toujours les citoyens plus que les ennemis, et partant veillera par-dessus tout sur ses intérêts propres et sera moins occupé de prendre soin de ses sujets que de leur tendre des embûches, à ceux-là surtout qui sont illustres par leur sagesse ou puissants par leur fortune.

7. Ajoutez que les rois craignent leurs fils plus qu'ils ne les aiment, et cette crainte est d'autant plus forte que les fils montrent plus de capacité pour les arts de la paix et pour ceux de la guerre et se rendent

plus chers aux sujets par leurs vertus. Aussi les rois ne manquent-ils pas de leur faire donner une éducation qui ne leur laisse aucun sujet de crainte. En quoi ils sont fort bien servis par leurs familiers qui mettent tous leurs soins à préparer au roi un successeur ignorant qu'on puisse adroitement manier.

8. Il suit de tout cela que le Roi est d'autant moins son maître et que la condition des sujets est d'autant plus misérable à mesure que le droit de l'État est transféré plus complètement à un même individu. C'est donc une chose nécessaire, si on veut établir convenablement le gouvernement monarchique, de lui donner des fondements assez solides pour que le monarque soit en sécurité et la multitude en paix, de telle sorte enfin que le monarque le plus occupé du salut de la multitude soit aussi celui qui est le plus son maître. Or, quelles sont ces conditions fondamentales du gouvernement monarchique ? je vais d'abord les indiquer en peu de mots, pour les reprendre ensuite et les démontrer dans un ordre méthodique.

9. Il faut premièrement fonder et fortifier une ou plusieurs villes dont tous les citoyens, qu'ils habitent à l'intérieur des murs ou parmi les champs, jouissent des mêmes droits, à cette condition toutefois que chacune de ces villes ait pour sa propre défense et pour la défense commune un nombre déterminé de citoyens. Et celle qui ne peut remplir cette clause doit être mise en dépendance sous d'autres conditions.

10. L'armée doit être formée sans exception des seuls citoyens. Il faut donc que tous les citoyens aient des armes et que nul ne soit admis au nombre des citoyens qu'après s'être formé aux exercices militaires et avoir pris l'engagement de continuer cette éducation guerrière à des époques déterminées. La milice fournie par chaque famille étant divisée en cohortes et en légions, nul ne devra être élu chef de cohorte qu'à condition de savoir la stratégie. Les chefs des cohortes et des légions seront nommés à vie ; mais c'est pendant la guerre seulement qu'il faudra donner un chef à toute la milice fournie par une famille, et encore ne devra-t-on le charger du commandement suprême que pour un an, sans qu'il soit permis de le continuer dans son commandement ou de l'y porter encore à l'avenir. Ces généraux en chef seront choisis

parmi les conseillers du roi (dont nous aurons à parler à l'article 25 et aux articles suivants) ou parmi ceux qui ont exercé cette fonction.

11. Les habitants de toutes les villes, en y comprenant les gens de la campagne, en un mot tous les citoyens doivent être divisés par familles qui seront distinguées les unes des autres par le nom et par quelque insigne. Tous les enfants issus de ces familles seront reçus au nombre des citoyens, et leurs noms seront inscrits sur le registre de leur famille aussitôt qu'ils seront parvenus à l'âge de porter les armes et de connaître leur devoir. Exceptons cependant ceux qui sont infâmes à cause de quelques crimes, les muets, les fous, enfin les domestiques qui vivent de quelque office servile.

12. Que les champs et tout le sol et, s'il est possible, que les maisons elles-mêmes appartiennent à l'État, c'est-à-dire à celui qui est dépositaire du droit de l'État, afin qu'il les loue moyennant une redevance annuelle aux habitants des villes et aux agriculteurs. A cette condition tous les citoyens seront exempts de toute contribution extraordinaire pendant la paix. Sur la redevance perçue, une portion sera prise pour les besoins de l'État, une autre pour l'usage domestique du Roi ; car en temps de paix il est nécessaire de fortifier les villes en vue de la guerre, et en outre de tenir prêts des vaisseaux et autres moyens de défense.

13. Le roi étant choisi dans une certaine famille, on ne devra tenir pour nobles que les personnes issues de son sang, et celles-ci, en conséquence, seront distinguées, par des insignes royaux, de leur propre famille et des autres.

14. Il sera interdit aux nobles du sexe masculin qui seront proches parents du roi au troisième ou au quatrième degré de contracter mariage, et, s'ils ont des enfants, on les regardera comme illégitimes, incapables de toute dignité, exclus enfin de la succession de leurs parents, laquelle fera retour au roi.

15. Les conseillers du roi, ceux qui sont le plus près de lui et tiennent le second rang, doivent être nombreux et toujours choisis exclusivement parmi les citoyens. Ainsi on prendra dans chaque famille (je suppose que le nombre des familles n'excède pas six cents) trois, quatre ou cinq personnes qui formeront ensemble un des

membres du Conseil du Roi ; elles ne seront pas nommées à vie, mais pour trois, quatre ou cinq années, de telle sorte que tous les ans le tiers, le quart ou le cinquième du Conseil soit réélu. Il faudra avoir soin dans cette élection que chaque famille fournisse au moins un conseiller versé dans la science du droit.

16. C'est le roi qui fera l'élection. A l'époque de l'année fixée pour le choix de nouveaux conseillers, chaque famille doit remettre au Roi les noms de tous ceux de ses membres qui ont atteint cinquante ans, et qui ont été régulièrement promus candidats pour cette fonction. Le Roi choisit qui bon lui semble. Dans l'année où le jurisconsulte d'une famille devra succéder à un autre, on remettra au Roi les noms des jurisconsultes seulement. Les conseillers qui se sont acquittés de cet office pendant le temps fixé ne peuvent y être continués, ni être réinscrits sur la liste des éligibles qu'après un intervalle de cinq ans ou même plus. Or, pour quel motif sera-t-il nécessaire d'élire chaque année un membre de chaque famille ? c'est afin que le Conseil ne soit pas composé tantôt de novices sans expérience, tantôt de vétérans expérimentés : inconvénient qui serait inévitable, si tous se retiraient en même temps pour être remplacés par des membres nouveaux. Mais si on élit chaque année un membre de chaque famille, alors les novices ne formeront que le cinquième, le quart ou tout au plus le tiers du Conseil. Que si le Roi, empêché par d'autres affaires ou pour toute autre raison, ne peut un jour s'occuper de cette élection, les conseillers eux-mêmes éliront leurs nouveaux collègues pour un temps, jusqu'à ce que le Roi lui-même en choisisse d'autres ou ratifie le choix du Conseil.

17. Le premier office du Conseil, c'est de défendre les droits fondamentaux de l'État, de donner des avis sur les affaires publiques, de sorte que le Roi sache les mesures qu'il doit prendre pour le bien général. Il faudra, par conséquent, qu'il ne soit pas permis au Roi de statuer sur aucune affaire avant d'avoir entendu l'avis du Conseil. Si le Conseil n'est pas unanime, s'il s'y rencontre plusieurs opinions contraires, même après que la question aura été débattue à deux ou trois reprises différentes, il conviendra alors, non pas de traîner la chose en longueur, mais de soumettre au roi les opinions opposées, comme nous l'expliquerons à l'article 25 du présent chapitre.

18. L'office du Conseil sera en outre de promulguer les institutions ou décrets du Roi, de veiller à l'exécution des lois de l'État, enfin de prendre soin de toute l'administration de l'empire, comme feraient des vicaires du Roi.

19. Les citoyens n'auront aucun accès auprès du Roi que par l'intermédiaire du Conseil, et c'est au Conseil qu'il faudra remettre toutes les demandes et suppliques, pour être présentées au Roi. Il ne sera pas permis non plus aux ambassadeurs des autres États de solliciter la faveur de parler au Roi autrement que par l'intercession du Conseil. C'est encore le Conseil qui devra transmettre au Roi les lettres qui lui seront envoyées du dehors. En un mot, le Roi étant comme l'âme de l'État, le Conseil servira à cette Âme de sens extérieurs et de corps ; il lui fera connaître la situation de l'État et sera son instrument pour accomplir ce qui aura été reconnu meilleur.

20. Le soin de diriger l'éducation des fils du Roi incombe également au Conseil, aussi bien que la tutelle dans le cas où le Roi meurt en laissant pour successeur un enfant ou un adolescent. Toutefois, pour que le Conseil, pendant la durée de la tutelle, ne soit pas sans Roi, il faudra choisir parmi les nobles de l'État le plus âgé pour tenir la place du Roi, jusqu'à ce que le successeur légitime soit capable de soutenir le fardeau du gouvernement.

21. Il importe qu'il n'y ait d'autres candidats au poste de membres du Conseil que ceux qui connaîtront le régime, les bases, la situation ou la condition de l'État. Et quant à ceux qui voudront faire l'office de jurisconsultes, ils devront connaître non-seulement le régime de l'État dont ils font partie, mais aussi celui des autres États avec lesquels on a quelque relation. On ne portera sur la liste des éligibles que des hommes ayant atteint l'âge de cinquante ans et purs de toute condamnation criminelle.

22. On ne prendra dans le Conseil aucune décision sur les affaires de l'État que tous les membres présents. Que si l'un d'eux, par maladie on par une autre cause, ne peut assister aux séances, il devra envoyer à sa place une personne de sa famille ayant déjà rempli la même fonction, ou portée sur la liste des éligibles. En cas d'inexécution de ce règlement, et si le Conseil se voit forcé en conséquence de différer de jour en jour la délibération d'une affaire, il y aura lieu à une forte

amende. Il est entendu que tout ceci se rapporte au cas où il s'agit d'affaires générales, telles que la guerre, la paix, l'institution ou l'abrogation d'une loi, le commerce, etc. ; mais s'il n'est question que d'affaires concernant une ou deux villes et de simples suppliques à recevoir et autres choses semblables, il suffira que la majorité du conseil soit présente.

23. L'égalité devant exister en tout parmi les familles pour siéger, pour proposer, pour parler, il faudra que chacune ait son tour, de sorte qu'elles président l'une après l'autre dans les sessions successives, et que la première durant telle session soit la dernière à la session suivante. Entre les membres d'une même famille on choisira pour président celui qui aura été élu le premier.

24. Le Conseil sera convoqué quatre fois au moins dans l'année, afin de se faire rendre compte par les fonctionnaires de leur administration, et aussi pour connaître l'état de toutes choses et examiner s'il y a lieu de prendre quelque nouvelle mesure. Il parait impossible, en effet, qu'un si grand nombre de citoyens s'occupe sans interruption des affaires publiques. Mais, d'un autre côté, comme il faut bien que les affaires suivent leur cours, on élira dans le Conseil cinquante membres ou un plus grand nombre, chargés de remplacer l'assemblée dans les intervalles des sessions, lesquels devront se réunir chaque jour dans la salle la plus voisine possible de l'appartement royal, pour prendre soin jour par jour du trésor, des villes, des fortifications, de l'éducation du fils du Roi, et remplir enfin toutes les fonctions du Conseil déjà énumérées, avec cette exception pourtant, qu'ils ne pourront s'occuper d'aucune affaire nouvelle sur laquelle rien n'aurait encore été décidé.

25. Quand le Conseil est réuni, avant qu'aucune proposition y soit faite, cinq ou six d'entre les jurisconsultes ou un plus grand nombre appartenant aux familles qui, pendant la session présente, occupent le premier rang, vont trouver le Roi pour mettre sous ses yeux les suppliques et les lettres qui peuvent lui avoir été adressées, pour lui faire connaître la situation des affaires et enfin pour entendre de sa propre bouche ce qu'il ordonne de proposer au Conseil. Cela fait, ils rentrent dans l'assemblée, lui font connaître les ordres du Roi, et aussitôt le premier conseiller, par ordre de rang, ouvre la délibération

sur l'affaire dont il s'agit. Si l'affaire paraît à quelques membres avoir une certaine importance, on aura soin de ne pas recueillir immédiatement les suffrages, mais de différer le vote aussi longtemps que la nécessité de la chose l'exigera. Le Conseil se séparera donc jusqu'à une époque déterminée, et, pendant cet intervalle, les conseillers de chaque famille pourront discuter séparément l'affaire en question, et, si elle leur semble très considérable, consulter d'autres citoyens ayant rempli déjà la fonction de conseillers ou candidats au Conseil. Que si, dans l'espace de temps fixé, les conseillers d'une même famille n'ont pu se mettre d'accord, cette famille sera exclue du vote ; car chaque famille ne peut donner qu'un suffrage. Dans le cas contraire, le jurisconsulte de la famille, après avoir recueilli l'opinion sur laquelle tous les membres se sont mis d'accord, la portera au Conseil, et ainsi pour toutes les autres familles. Si, après avoir entendu les raisons à l'appui de chaque opinion, la majorité du Conseil estime utile de peser de nouveau l'affaire, l'assemblée se dissoudra une seconde fois pour un temps déterminé, pendant lequel chaque famille devra exprimer son dernier avis. Et alors enfin, l'assemblée entière étant présente, et les votes recueillis, tout avis qui n'aura pas réuni cent suffrages pour le moins sera déclaré nul. Tous les autres avis seront soumis au Roi par les jurisconsultes qui auront assisté au Conseil, et le Roi, après avoir entendu les raisons de chaque partie, choisira l'avis qui lui paraîtra le meilleur. Alors les jurisconsultes se retirent, retournent au Conseil et y attendent le Roi jusqu'au moment qu'il a marqué lui-même pour faire savoir à l'assemblée quel est l'avis qu'il a jugé préférable et ce qu'il a résolu.

26. On formera, pour l'administration de la justice, un autre Conseil, composé de tous les jurisconsultes, et dont l'office consistera à terminer les procès et à infliger des peines aux délinquants, avec cette condition toutefois que tous les arrêts devront être approuvés par les membres qui tiennent la place du grand Conseil, lesquels s'assureront que les sentences ont été rendues régulièrement et sans acception de parties. Que si une partie, qui a perdu sa cause, peut démontrer que l'un des juges a reçu des présents de la partie adverse, ou qu'il a pour elle quelque autre motif de bienveillance, ou qu'il a des motifs de haine contre la partie condamnée, ou enfin qu'il y a quelque irrégularité dans

le jugement, il faudra remettre le procès comme avant l'arrêt. Voilà des règles qui ne pourraient probablement pas être pratiquées dans un État où, dès qu'il y a une accusation, on se sert pour convaincre l'accusé, non de preuves, mais de tortures ; pour moi, je ne conçois pas ici d'autre forme de justice que celle qui s'accorde avec le meilleur régime de l'État.

27. Les juges devront être en grand nombre et en nombre impair, soixante et un, par exemple, ou cinquante et un pour le moins. Chaque famille n'en élira qu'un seul, qui ne sera pas élu à vie ; mais chaque année, il y en aura un certain nombre qui devront se retirer et être remplacés par un égal nombre de juges choisis par d'autres familles et ayant atteint l'âge de quarante ans.

28. Dans ce conseil judiciaire, aucune sentence ne pourra être prononcée que tous les membres présents. Que si l'un d'eux, par maladie ou autre cause, ne peut assister au Conseil pendant un long espace de temps, on élira un autre juge à sa place. On ne votera pas ouvertement, mais au scrutin secret à l'aide de boules.

29. Les émoluments des membres de ce Conseil et ceux des vicaires du grand Conseil seront pris d'abord sur les individus condamnés à mort, et puis aussi sur les personnes frappées d'une amende pécuniaire. De plus, après chaque arrêt rendu en matière civile, il sera prélevé, aux dépens de celui qui aura perdu sa cause, une part proportionnée à la somme totale engagée dans le procès et cette part reviendra aux deux Conseils.

30. Il y aura dans chaque ville d'autres conseils subordonnés à ceux-ci. Leurs membres ne seront pas non plus nommés à vie ; mais on élira chaque année un certain nombre de membres exclusivement choisis dans les familles qui habitent la ville en question. Je crois inutile de pousser plus loin ces détails.

31. L'armée ne recevra aucune solde pendant la paix. En temps de guerre, il y aura une solde journalière pour ceux d'entre les citoyens qui vivent de leur travail quotidien. Quant aux généraux et autres chefs des cohortes, ils n'auront à attendre de la guerre d'autres avantages que le butin des ennemis.

32. Si un étranger a pris pour femme la fille d'un citoyen, ses enfants doivent être considérés comme citoyens, et inscrits sur le registre de la famille de la mère. A l'égard des enfants nés dans l'empire de parents étrangers et élevés sur le sol natal, on leur permettra, moyennant un prix déterminé, d'acheter le droit de cité aux chiliarques d'une famille, et de se faire porter sur le registre de cette famille. Et quand bien même les chiliarques par esprit de lucre auraient admis un étranger au-dessous du prix légal au nombre de leurs citoyens, il n'en peut résulter pour l'État aucun détriment ; au contraire, il est bon de trouver des moyens pour augmenter le nombre des citoyens et avoir une grande affluence de population. Quant aux habitants de l'empire qui ne sont pas inscrits sur le registre des citoyens, il est juste, au moins en temps de guerre, qu'ils compensent leur inaction par quelque travail ou par un impôt.

33. Les ambassadeurs qui doivent être envoyés en temps de paix à d'autres États pour contracter la paix et pour la conserver seront élus parmi les nobles seuls, et c'est le trésor de l'État qui fournira à leurs dépenses, et non la cassette particulière du Roi.

34. Les personnes qui fréquentent la cour, qui font partie de la maison du Roi et sont payées sur son trésor privé, devront être exclues de toutes les fonctions de l'État. Je dis expressément *les personnes payées sur le trésor privé du Roi* , afin qu'on ne les confonde pas avec des gardes du corps ; car il ne doit y avoir d'autres gardes du corps que les citoyens de la ville veillant à tour de rôle à la porte du Roi.

35. On ne fera la guerre qu'en vue de la paix, de sorte que, la paix faite, l'armée cessera d'exister. Lors donc qu'on aura pris des villes en vertu du droit de la guerre et que l'ennemi sera soumis, au lieu de mettre dans ces villes des garnisons, il faudra permettre à l'ennemi de les racheter à prix d'argent ; ou bien, si, à cause de leur position redoutable, on craint de les laisser derrière soi, il faudra alors les détruire entièrement et en transporter les habitants en d'autres lieux.

36. Il sera interdit au Roi d'épouser une étrangère ; sa femme devra être une de ses parentes ou une de ses concitoyennes, avec cette condition que, dans le second cas, les plus proches parents de sa femme ne puissent remplir aucune charge de l'État.

37. L'empire doit être indivisible. Si donc le Roi a plusieurs enfants, l'aîné lui succède de droit. Il ne faut souffrir en aucune façon que l'empire soit divisé entre eux, ni qu'il soit livré indivis à tous ou à quelques-uns, beaucoup moins encore qu'il soit permis de donner une partie de l'empire en dot. Car on ne doit pas accorder que les filles aient part à l'hérédité de l'empire.

38. Si le Roi vient à mourir sans enfant mâle, c'est son plus proche parent qui lui succède, sauf le cas où il aurait pris une épouse étrangère qu'il ne voudrait pas répudier.

39. Pour ce qui touche les citoyens, il est évident, par l'article 5 du chapitre III, que chacun d'eux est tenu d'obéir à tous les ordres du Roi ou aux édits promulgués par le grand Conseil (voyez sur ce point les articles 18 et 19 du présent chapitre) ; cette obéissance est de rigueur, alors même qu'on croirait absurdes les décrets de l'autorité, et l'autorité a le droit d'user de la force pour se faire obéir. Tels sont les fondements du gouvernement monarchique et ce sont les seuls sur lesquels il puisse être solidement établi, comme nous allons le démontrer au chapitre suivant.

40. Encore un mot sur ce qui concerne la religion. On ne doit bâtir aucun temple aux frais des villes, et il n'y a pas lieu de faire des lois sur les opinions, à moins qu'elles ne soient séditieuses et subversives. Que ceux donc à qui l'on accorde l'exercice public de leur religion, s'ils veulent un temple, le bâtissent à leurs frais. Quant au Roi, il aura dans son palais un temple particulier pour y pratiquer la religion à laquelle il est attaché.

Chapitre VII

De la monarchie (suite)

1. Après avoir exposé les conditions fondamentales du gouvernement monarchique, j'entreprends maintenant de les démontrer dans un ordre méthodique. Je commencerai par une observation importante, c'est qu'il n'y a aucune contradiction dans la pratique à ce que les lois soient constituées d'une manière si ferme que le Roi lui-même ne puisse les abolir. Aussi bien les Perses avaient coutume d'honorer leurs rois à l'égal des dieux, et pourtant ces rois n'avaient pas le pouvoir de révoquer les lois une fois établies, comme on le voit clairement par le chapitre V de *Daniel* ; et nulle part, que je sache, un monarque n'est élu d'une manière absolue sans certaines conditions expresses. Au surplus, il n'y a rien là qui répugne à la raison, ni qui soit contraire à l'obéissance absolue due au souverain ; car les fondements de l'État doivent être considérés comme les décrets éternels du Roi, de sorte que si le Roi vient à donner un ordre contraire aux bases de l'État, ses ministres lui obéissent encore en refusant d'exécuter ses volontés. C'est ce que montre fort bien l'exemple d'Ulysse. Les compagnons d'Ulysse, en effet, n'exécutaient-ils pas ses ordres, quand, l'ayant attaché au mât du navire, alors que son

âme était captivée par le chant des Sirènes, ils refusèrent de rompre ses liens, malgré l'ordre qu'il leur en donnait avec toute sorte de menaces ? Plus tard, il les remercia d'avoir obéi à ses premières recommandations, et tout le monde a reconnu là sa sagesse. A l'exemple d'Ulysse, les rois ont coutume d'instituer des juges pour qu'ils rendent la justice, et ne fassent aucune acception de personnes, pas même de la personne du Roi, dans le cas où le Roi viendrait à enfreindre le droit établi. Car les rois ne sont pas des dieux, mais des hommes, souvent pris au chant des Sirènes. Si donc toutes choses dépendaient de l'inconstante volonté d'un seul homme, il n'y aurait plus rien de fixe. Et par conséquent, pour constituer d'une manière stable le gouvernement monarchique, il faut que toutes choses s'y fassent en effet par le seul décret du Roi, c'est-à-dire que tout le droit soit dans la volonté expliquée du Roi, ce qui ne signifie pas que toute volonté du Roi soit le droit. (Voyez sur ce point les articles 3, 5 et 6 du précédent chapitre.)

2. Remarquez ensuite qu'au moment où on jette les fondements de l'État, il faut avoir l'œil sur les passions humaines ; car il ne suffit pas d'avoir montré ce qu'il faut faire, il s'agit d'expliquer comment les hommes, soit que la passion, soit que la raison les conduise, auront toujours des droits fixes et constants. Admettez un instant que les droits de l'État ou la liberté publique n'aient plus d'autre appui que la base débile des lois, non-seulement il n'y a plus pour les citoyens aucune sécurité, comme on l'a montré à l'article 3 du chapitre précédent, mais l'État est sur le penchant de sa ruine. Or il est certain qu'il n'y a pas de condition plus misérable que celle d'un État excellent qui commence à chanceler, à moins qu'il ne tombe d'un seul coup, d'un seul choc, et ne se précipite dans la servitude (ce qui semble impossible). Et par conséquent il serait préférable pour les sujets de transférer absolument leur droit à un seul homme que de stipuler des conditions de liberté incertaines et vaines ou parfaitement inutiles, et de préparer ainsi le chemin à leurs descendants vers la plus cruelle des servitudes. Mais si je parviens à montrer que les fondements du gouvernement monarchique, tels que je les ai décrits dans le précédent chapitre, sont des fondements solides et qui ne peuvent être détruits

que par l'insurrection armée de la plus grande partie du peuple, si je fais voir qu'avec de tels fondements la paix et la sécurité sont assurées à la multitude et au Roi, ne m'appuyant d'ailleurs pour cette démonstration que sur la commune nature humaine, personne alors ne pourra douter que ces fondements ne soient vrais et excellents, comme cela résulte déjà avec évidence de l'article 9 du chapitre III et des articles 3 et 8 du chapitre précédent. Voici ma démonstration, que je tâcherai de rendre la plus courte possible.

3. Que ce soit le devoir de celui qui tient l'autorité de connaître toujours la situation et la condition de l'empire, de veiller au salut commun et de faire tout ce qui est utile au plus grand nombre, c'est un principe qui n'est contesté de personne. Mais comme un seul homme ne peut pas regarder à tout, ni avoir toujours l'esprit présent et disposé à la réflexion, comme, en outre, la maladie, la vieillesse et d'autres causes l'empêchent souvent de s'occuper des affaires publiques, il est nécessaire que le monarque ait des conseillers qui connaissent la situation des affaires, aident le Roi de leurs avis et agissent souvent à sa place, de telle sorte qu'une seule et même âme dirige toujours le corps de l'État.

4. Or la nature humaine étant ainsi faite que chaque individu recherche avec la plus grande passion son bien particulier, regarde comme les lois les plus équitables celles qui lui sont nécessaires pour conserver et accroître sa chose, et ne défend l'intérêt d'autrui qu'autant qu'il croit par là même assurer son propre intérêt, il s'ensuit qu'il faut choisir des conseillers dont les intérêts particuliers soient liés au salut commun et à la paix publique. Et par conséquent il est évident que si on choisit un certain nombre de conseillers dans chaque genre ou classe de citoyens, toutes les mesures qui dans une assemblée ainsi composée auront obtenu le plus grand nombre de suffrages seront des mesures utiles à la majorité des sujets. Et quoique cette assemblée, formée d'une si grande quantité de membres, doive en compter beaucoup d'un esprit fort peu cultivé, il est certain toutefois que tout individu est toujours assez habile et assez avisé, quand il s'agit de statuer sur des affaires qu'il a longtemps pratiquées avec une grande passion. C'est pourquoi, si l'on n'élit pas d'autres membres que ceux qui auront exercé honorablement leur industrie jusqu'à cinquante ans,

ils seront suffisamment capables de donner leurs avis sur des affaires qui sont les leurs, surtout si dans les questions d'une grande importance on leur donne du temps pour réfléchir. Ajoutez à cela qu'il s'en faut de beaucoup qu'une assemblée, pour être composée d'un petit nombre de membres, n'en renferme pas d'ignorants. Au contraire, elle est formée en majorité de gens de cette espèce, par cette raison que chacun y fait effort pour avoir des collègues d'un esprit épais qui votent sous son influence, et c'est ce qui n'arrive pas dans les grandes assemblées.

5. Il est certain d'ailleurs que chacun aime mieux gouverner qu'être gouverné. *Personne* , en effet, comme dit Salluste, *ne cède spontanément l'empire à un autre* [168] . Il suit de là que la multitude entière ne transférerait jamais son droit à un petit nombre de chefs ou à un seul, si elle pouvait s'accorder avec elle-même, et si des séditions ne s'élevaient pas à la suite des dissentiments qui partagent le plus souvent les grandes assemblées. Et en conséquence la multitude ne transporte librement aux mains du Roi que cette partie de son droit qu'elle ne peut absolument pas retenir en ses propres mains, c'est-à-dire la terminaison des dissentiments et l'expédition rapide des affaires. Aussi arrive-t-il souvent qu'on élit un Roi à cause de la guerre, parce qu'en effet avec un Roi la guerre se fait plus heureusement. Grande sottise assurément de se rendre esclaves pendant la paix pour avoir voulu faire plus heureusement la guerre, si toutefois la paix est possible dans un État où le pouvoir souverain a été transféré, uniquement en vue de la guerre, à un seul individu, où par conséquent ce n'est que pendant la guerre que cet individu peut montrer sa force et tout ce que gagnent les autres à se concentrer en lui. Tout au contraire le gouvernement démocratique a cela de particulier que sa vertu éclate beaucoup plus dans la paix que dans la guerre. Mais par quelque motif que l'on élise un Roi, il ne peut, comme nous l'avons dit, savoir à lui tout seul tout ce qui est utile à l'État. Et c'est pour cela qu'il est nécessaire, ainsi qu'on l'a précédemment fait voir, qu'il ait beaucoup de citoyens pour conseillers. Or comme on ne peut comprendre que dans la délibération d'une affaire il y ait quelque chose qui échappe à un si grand nombre d'esprits, il s'ensuit qu'en dehors de tous les avis donnés dans le Conseil et soumis an Roi, il ne s'en trouvera

aucun de vraiment utile au salut du peuple. Par conséquent, comme le salut du peuple est la suprême loi ou le droit suprême du Roi, il s'ensuit que le droit du Roi, c'est de choisir un avis parmi ceux qu'a émis le Conseil, et non pas de rien résoudre et de s'arrêter à un avis contre le sentiment de tout le Conseil (voyez l'article 25 du chapitre précédent). Maintenant si l'on devait soumettre au Roi sans exception tous les avis proposés dans le Conseil, il pourrait arriver que le Roi favorisât toujours les petites villes qui ont le moins grand nombre de suffrages. Car, bien qu'il soit établi par une loi du Conseil que les avis sont déclarés sans désignation de leurs auteurs, ceux-ci auront beau faire, il en transpirera toujours quelque chose. Il faut donc établir que tout avis qui n'aura pas réuni cent suffrages, pour le moins, sera considéré comme nul, et les principales villes devront défendre cette loi avec la plus grande énergie.

6. Ce serait présentement le lieu, si je ne m'appliquais à être court, de montrer les autres grands avantages d'un tel Conseil. J'en montrerai du moins un qui semble de grande conséquence, c'est qu'il est impossible de donner à la vertu un aiguillon plus vif que cette espérance commune d'atteindre le plus grand honneur ; car l'amour de la gloire est un des principaux mobiles de la vie humaine, comme je l'ai amplement fait voir dans mon *Éthique* [169].

7. Que la majeure partie de notre Conseil n'ait jamais le désir de faire la guerre, mais qu'au contraire elle soit toujours animée d'un grand zèle et d'un grand amour de la paix, c'est ce qui paraît indubitable. Car, outre que la guerre leur fait toujours courir le risque de perdre leurs biens avec la liberté, il y a une autre raison décisive, c'est que la guerre est coûteuse et qu'il faudra y subvenir par de nouvelles dépenses ; ajoutez que voilà leurs enfants et leurs proches, lesquels en temps de paix sont tous occupés de soins domestiques, qui seront forcés pendant la guerre de s'appliquer au métier des armes et de marcher au combat, sans espoir de rien rapporter au logis que des cicatrices gratuites. Car, comme nous l'avons dit à l'article 30 du précédent chapitre, l'armée ne doit recevoir aucune solde, et puis (article 10 du même chapitre) elle doit être formée des seuls citoyens.

8. Une autre condition de grande importance pour le maintien de la paix et de la concorde, c'est qu'aucun citoyen n'ait de biens fixes

(voyez l'article 12 du chapitre précédent). Par ce moyen, tous auront à peu près le même péril à craindre de la guerre. Tous en effet se livreront au commerce en vue du gain et se prêteront mutuellement leur argent, pourvu toutefois qu'à l'exemple des anciens Athéniens on ait interdit à tout citoyen par une loi de prêter à intérêt à quiconque ne fait pas partie de l'État. Tous les citoyens auront donc à s'occuper d'affaires qui seront impliquées les unes dans les autres ou qui ne pourront réussir que par la confiance réciproque et par le crédit ; d'où il résulte que la plus grande partie du Conseil sera presque toujours animée d'un seul et même esprit touchant les affaires communes et les arts de la paix. Car, comme nous l'avons dit à l'article 4 du présent chapitre, chacun ne défend l'intérêt d'autrui qu'autant qu'il croit par là même assurer son propre intérêt.

9. Que personne ne se flatte de pouvoir corrompre le Conseil par des présents. Si, en effet, on parvenait à séduire un ou deux conseillers, cela ne servirait à rien, puisqu'il est entendu que tout avis qui n'aura pas réuni pour le moins cent suffrages sera nul.

10. Il est également certain que le Conseil une fois établi, ses membres ne pourront être réduits à un nombre moindre. Cela résulte en effet de la nature des passions humaines, tous les hommes étant sensibles au plus haut degré à l'amour de la gloire, et tous aussi espérant, quand ils ont un corps sain, pousser leur vie jusqu'à une longue vieillesse. Or, si nous faisons le calcul de ceux qui auront atteint réellement l'âge de cinquante ou soixante ans, et si nous tenons compte, en outre, du grand nombre de membres qui sont élus annuellement, nous verrons que parmi les citoyens qui portent les armes, il en est à peine un qui ne nourrisse un grand espoir de s'élever à la dignité de conseiller ; et par conséquent, tous défendront de toutes leurs forces l'intégrité du Conseil. Car il faut remarquer que la corruption est aisée à prévenir, quand elle ne s'insinue pas peu à peu. Or comme c'est une combinaison plus simple et moins sujette à exciter la jalousie, de faire élire un membre du Conseil dans chaque famille que de n'accorder ce droit qu'a un petit nombre de familles ou d'exclure celle-ci ou celle-là, il s'ensuit (par l'article 15 du chapitre précédent) que le nombre des conseillers ne pourra être diminué que si on vient à supprimer tout à coup un tiers, un quart ou un cinquième de

l'assemblée, mesure exorbitante et par conséquent fort éloignée de la pratique commune. Et il n'y a pas à craindre non plus de retard ou de négligence dans l'élection ; car en pareil cas, nous avons vu que le Conseil lui-même élit à la place du Roi (article 16 du chapitre précédent).

11. Le Roi donc, soit que la crainte de la multitude le fasse agir ou qu'il veuille s'attacher la plus grande partie de la multitude armée, soit que la générosité de son cœur le porte à veiller à l'intérêt public, confirmera toujours l'avis qui aura réuni le plus de suffrages, c'est-à-dire (par l'article 5 du précédent chapitre) celui qui est le plus utile à la majeure partie de l'État. Quand des avis différents lui seront soumis, il s'efforcera de les mettre d'accord, si la chose est possible, afin de se concilier tous les citoyens ; c'est vers ce but qu'il tendra de toutes ses forces, afin qu'on fasse l'épreuve, dans la paix comme dans la guerre, de tout ce qu'on a gagné à concentrer les forces de tous dans les mains d'un seul. Ainsi donc le Roi s'appartiendra d'autant plus à lui-même et sera d'autant plus roi qu'il veillera mieux au salut commun.

12. Le Roi ne peut, en effet, à lui seul, contenir tous les citoyens par la crainte ; sa puissance, comme nous l'avons dit, s'appuie sur le nombre des soldats, et plus encore sur leur courage et leur fidélité, vertus qui ne se démentent jamais chez les hommes, tant que le besoin, honnête ou honteux, les tient réunis. D'où il arrive que les rois ont coutume d'exciter plus souvent les soldats que de les contenir, et de dissimuler plutôt leurs vices que leurs vertus ; et on les voit la plupart du temps, pour opprimer les grands, rechercher les gens oisifs et perdus de débauche, les distinguer, les combler d'argent et de faveurs, leur prendre les mains, leur jeter des baisers, en un mot, faire les dernières bassesses en vue de la domination. Afin donc que les citoyens soient les premiers objets de l'attention du Roi et qu'ils s'appartiennent à eux-mêmes autant que l'exige la condition sociale et l'équité, il est nécessaire que l'armée soit composée des seuls citoyens et que ceux-ci fassent partie des Conseils. C'est se mettre sous le joug, c'est semer les germes d'une guerre éternelle que de souffrir que l'on engage des soldats étrangers pour qui la guerre est une affaire de commerce et qui tirent leur plus grande importance de la discorde et des séditions.

13. Que les conseillers du Roi ne doivent pas être élus à vie, mais pour trois, quatre ou cinq ans au plus, c'est ce qui est évident, tant par l'article 10 que par l'article 9 du présent chapitre. Si, en effet, ils étaient élus à vie, outre que la plus grande partie des citoyens pourrait à peine espérer cet honneur, d'où résulterait une grande inégalité, et par suite l'envie, les rumeurs continuelles et finalement des séditions dont les rois ne manqueraient pas de profiter, dans l'intérêt de leur domination, il arriverait en outre que les conseillers, ne craignant plus leurs successeurs, prendraient de grandes licences en toutes choses, et cela sans aucune opposition du Roi. Car, plus ils se sentiraient odieux aux citoyens, plus ils seraient disposés à se serrer autour du Roi, et à se faire ses flatteurs. A ce compte un intervalle de cinq années paraît encore trop long, cet espace de temps pouvant suffire pour corrompre par des présents ou des faveurs la plus grande partie du Conseil, si nombreux qu'il soit, et par conséquent le mieux sera de renvoyer chaque année deux membres de chaque famille pour être remplacés par deux membres nouveaux (je suppose qu'on a pris dans chaque famille cinq conseillers), excepté l'année où le jurisconsulte d'une famille se retirera et fera place à un nouvel élu.

14. Il semble qu'aucun roi ne puisse se promettre autant de sécurité qu'en aura le Roi de notre État. Car outre que les rois sont exposés à périr aussitôt que leur armée ne les défend plus, il est certain que leur plus grand péril vient toujours de ceux qui leur tiennent de plus près. A mesure donc que les conseillers seront moins nombreux, et partant plus puissants, le Roi courra un plus grand risque qu'ils ne lui ravissent le pouvoir pour le transférer à un autre. Rien n'effraya plus le roi David que de voir que son conseiller Achitophal avait embrassé le parti d'Absalon [170] . Ajoutez à cela que lorsque l'autorité a été concentrée tout entière dans les mains d'un seul homme, il est beaucoup plus facile de la transporter en d'autres mains. C'est ainsi que deux simples soldats entreprirent de faire un empereur, et ils le firent [171] . Je ne parle pas des artifices et des ruses que les conseillers ne manquent pas d'employer dans la crainte de devenir un objet d'envie pour le souverain naturellement jaloux des hommes trop en évidence ; et quiconque a lu l'histoire ne peut ignorer que la plupart du temps ce qui a perdu les conseillers des rois, c'est un excès de confiance, d'où il

faut bien conclure qu'ils ont besoin, pour se sauver, non pas d'être fidèles, mais d'être habiles. Mais si les conseillers sont tellement nombreux qu'ils ne puissent pas se mettre d'accord pour un même crime, si d'ailleurs ils sont tous égaux et ne gardent pas leurs fonctions plus de quatre ans, ils ne peuvent plus être dangereux pour le Roi, à moins qu'il ne veuille attenter à leur liberté et qu'il n'offense par là tous les citoyens. Car, comme le remarque fort bien Perezius [172] , l'usage du pouvoir absolu est fort périlleux au prince, fort odieux aux sujets, et contraire à toutes les institutions divines et humaines, comme le prouvent d'innombrables exemples.

15. Outre les principes qui viennent d'être établis, j'ai indiqué dans le chapitre précédent plusieurs autres conditions fondamentales d'où résulte pour le Roi la sécurité dans le pouvoir et pour les citoyens la sécurité dans la paix et dans la liberté. Je développerai ces conditions au lieu convenable ; mais j'ai voulu d'abord exposer tout ce qui se rapporte au Conseil suprême comme étant d'une importance supérieure. Je vais maintenant reprendre les choses dans l'ordre déjà tracé.

16. Que les citoyens soient d'autant plus puissants et par conséquent d'autant plus leurs maîtres qu'ils ont de plus grandes villes et mieux fortifiées, c'est ce qui ne peut faire l'objet d'un doute. A mesure, en effet, que le lieu de leur résidence est plus sûr, ils peuvent mieux protéger leur liberté, et avoir moins à redouter l'ennemi du dehors ou celui du dedans ; et il est certain que les hommes veillent naturellement à leur sécurité avec d'autant plus de soin qu'ils sont plus puissants par leurs richesses. Quant aux villes qui ont besoin, pour se conserver, de la puissance d'autrui, elles n'ont pas un droit égal à celui de l'autorité qui les protège ; mais en tant qu'elles ont besoin de la puissance d'autrui, elles tombent sous le droit d'autrui ; car le droit se mesure par la puissance, comme il a été expliqué au chapitre II.

17. C'est aussi pour cette raison, je veux dire afin que les citoyens restent leurs maîtres et protègent leur liberté, qu'il faut exclure de l'armée tout soldat étranger. Et, en effet, un homme armé est plus son maître qu'un homme sans armes (voyez l'article 12 du présent chapitre) ; et c'est transférer absolument son droit à un homme et s'abandonner tout entier à sa bonne foi que de lui donner des armes et

de lui confier les fortifications des villes. Ajoutez à cela la puissance de l'avarice, principal mobile de la plupart des hommes. Il est impossible, en effet, d'engager des troupes étrangères sans de grandes dépenses, et les citoyens supportent impatiemment les impôts exigés pour entretenir une milice oisive. Est-il besoin maintenant de démontrer que tout citoyen qui commande l'armée entière ou une grande partie de l'armée ne doit être élu que pour un an, sauf le cas de nécessité ? C'est là un principe certain pour quiconque a lu l'histoire, tant profane que sacrée. Rien aussi de plus clair en soi. Car évidemment la force de l'empire est confiée sans réserve à celui à qui on donne assez de temps pour conquérir la gloire militaire et élever son nom au-dessus du nom du Roi, pour attacher l'armée à sa personne par des complaisances, des libéralités et autres artifices dont on a coutume de se servir pour l'asservissement des autres et sa propre domination. Enfin pour compléter la sécurité de tout l'empire, j'ai ajouté cette condition, que les chefs de l'armée doivent être choisis parmi les conseillers du Roi, ou parmi ceux qui ont rempli antérieurement cette fonction, c'est-à-dire parmi des citoyens parvenus à un âge où les hommes aiment généralement mieux les choses anciennes et sûres que les nouvelles et les périlleuses.

18. J'ai dit que les citoyens doivent être distingués entre eux par familles et qu'il faut élire dans chacune un nombre égal de conseillers, de sorte que les plus grandes villes aient plus de conseillers, à proportion de la quantité de leurs habitants, et qu'elles puissent, comme il est juste, apporter plus de suffrages. En effet, la puissance de l'État et par conséquent son droit se mesurent sur le nombre des citoyens. Et je ne vois pas de moyen plus convenable de conserver l'égalité ; car tous les hommes sont ainsi faits que chacun aime à être rattaché à sa famille et distingué des autres par sa race.

19. Dans l'état de nature, il n'y a rien que chacun puisse moins revendiquer pour soi et faire sien que le sol et tout ce qui adhère tellement au sol qu'on ne peut ni le cacher, ni le transporter. Le sol donc et ce qui tient au sol appartient essentiellement à la communauté, c'est-à-dire à tous ceux qui ont uni leurs forces, ou à celui à qui tous ont donné la puissance de revendiquer leurs droits. D'où il suit que la valeur du sol et de tout ce qui tient au sol doit se mesurer pour les

citoyens sur la nécessite où ils sont d'avoir une résidence fixe et de défendre leur droit commun et leur liberté. Au surplus, nous avons montré à l'article 8 de ce chapitre les avantages que l'État doit retirer de notre système de propriété.

20. Il est nécessaire, pour que les citoyens soient égaux autant que possible, et c'est là un des premiers besoins de l'État, que nuls ne soient considérés comme nobles que les enfants du Roi ; mais si tous ces enfants étaient autorisés à se marier et à devenir pères de famille, le nombre des nobles prendrait peu à peu de grands accroissements, et non-seulement ils seraient un fardeau pour le Roi et pour les citoyens, mais ils deviendraient extrêmement redoutables. Car les hommes qui vivent dans l'oisiveté pensent généralement au mal. Et c'est pourquoi les nobles sont très souvent cause que les rois inclinent à la guerre, le repos et la sécurité du roi parmi un grand nombre de nobles étant mieux assurés pendant la guerre que pendant la paix. Mais je laisse de côté ces détails, comme assez connus, de même que ce que j'ai dit dans le précédent chapitre depuis l'article 15 jusqu'à l'article 27 ; car les points principaux traités dans ces articles sont démontrés, et le reste est évident de soi.

21. Que les juges doivent être assez nombreux pour que la plus grande partie d'entre eux ne puisse être corrompue par les présents d'un particulier, que leur vote se fasse, non pas d'une manière ostensible, mais secrètement, enfin qu'ils aient un droit de vacation, voilà encore des principes suffisamment connus. L'usage universel est que les juges reçoivent des émoluments annuels ; d'où il arrive qu'ils ne se hâtent pas de terminer les procès, de sorte que les différends n'ont pas de fin. Dans les pays où la confiscation des biens se fait au profit du Roi, il arrive souvent que *dans l'instruction des affaires, ce n'est pas le droit et la vérité que l'on considère, mais la grandeur des richesses ; de toutes parts des délations et les citoyens les plus riches saisis comme une proie ; abus pesants et intolérables, excusés par la nécessité de la guerre, mais qui sont maintenus pendant la paix* . Du moins, quand les juges sont institués pour deux ou trois ans au plus, leur avarice est modérée par la crainte de leurs successeurs. Et je n'insiste pas sur cette autre condition que les juges ne peuvent avoir aucuns biens fixes, mais qu'ils doivent prêter leurs fonds à leurs concitoyens, pour en tirer un

bénéfice, d'où résulte pour eux la nécessité de veiller aux intérêts de leurs justiciables et de ne leur faire aucun tort, ce qui arrivera plus sûrement quand le nombre des juges sera très grand.

22. Nous avons dit que l'armée ne doit avoir aucune solde. En effet, la première récompense de l'armée, c'est la liberté. Dans l'état de nature, c'est uniquement en vue de la liberté que chacun s'efforce autant qu'il le peut de se défendre soi-même, et il n'attend pas d'autre récompense de sa vertu guerrière que l'avantage d'être son maître. Or tous les citoyens ensemble dans l'état de société sont comme l'homme dans l'état de nature, de sorte qu'en portant les armes pour maintenir la société, c'est pour eux-mêmes qu'ils travaillent et pour l'intérêt particulier de chacun. Au contraire, les conseillers, les juges, les préteurs, s'occupent des autres plus que d'eux-mêmes, et c'est pourquoi il est équitable de leur donner un droit de vacation. Ajoutez à cette différence que dans la guerre il ne peut y avoir de plus puissant et de plus glorieux aiguillon de victoire que l'image de la liberté. Que si l'on repousse cette organisation de l'armée pour la recruter dans une classe particulière de citoyens, il est nécessaire alors de leur allouer une solde. Une autre conséquence inévitable, c'est que le Roi placera les citoyens qui portent les armes fort au-dessus de tous les autres (comme nous l'avons montré à l'article 12 du présent chapitre), d'où il résulte que vous donnez le premier rang dans l'État à des hommes qui ne savent autre chose que la guerre, qui pendant la paix tombent dans la débauche par oisiveté, et qui enfin, à cause du mauvais état de leurs affaires domestiques, ne méditent rien que guerre, rapines et discordes civiles. Nous pouvons donc affirmer qu'un gouvernement monarchique ainsi institué est en réalité un état de guerre, où l'armée seule est libre et tout le reste esclave.

23. Ce qui a été dit, article 32 du précédent chapitre, au sujet des étrangers à recevoir au nombre des citoyens, est assez évident de soi, j'imagine. Personne aussi ne met en doute, à ce que je crois, que les plus proches parents du Roi ne doivent être tenus à distance de sa personne, par où je n'entends pas qu'on les charge de missions de guerre, mais au contraire d'affaires de paix qui puissent donner à l'État du repos et à eux de l'honneur. Encore a-t-il paru aux tyrans turcs que ces mesures étaient insuffisantes, et ils se sont fait une religion de mettre à mort

tous leurs frères. On ne doit pas s'en étonner ; car plus le droit de l'État est concentré absolument dans les mains d'un seul, plus il est aisé (comme nous l'avons montré par un exemple à l'article 14 du présent chapitre) de transférer ce droit à un autre. Au contraire le gouvernement monarchique, tel que nous le concevons ici, n'admettant aucun soldat mercenaire, donnera indubitablement au Roi toutes les garanties possibles de sécurité.

24. Il ne peut y avoir non plus aucun doute touchant ce qui a été dit aux articles 34 et 35 du chapitre précédent. Quant à ce principe, que le Roi ne doit pas prendre une épouse étrangère, il est facile de le démontrer. En effet, outre que deux États, bien qu'unis par un traité d'alliance, sont toujours en état d'hostilité (par l'article 14 du chapitre III), il faut prendre garde sur toutes choses que la guerre ne soit allumée à cause des affaires domestiques du Roi. Et comme les différends et les discordes naissent de préférence dans une société telle que le mariage, comme en outre les différends entre deux États se vident presque toujours par la guerre, il s'ensuit que c'est une chose pernicieuse pour un État que de se lier à un autre par une étroite société. Nous en trouvons dans l'Écriture un fatal exemple. A la mort de Salomon, qui avait épousé une fille du roi d'Égypte, son fils Rehoboam fit une guerre très malheureuse à Susacus [173] , roi d'Égypte, qui le soumit complètement. Le mariage de Louis XIV, roi de France, avec la fille de Philippe IV fut aussi le germe d'une nouvelle guerre, et on trouverait dans l'histoire bien d'autres exemples.

25. La forme de l'État, comme nous l'avons dit plus haut, devant rester une et toujours la même, il ne faut qu'un seul Roi, toujours du même sexe, et l'empire doit être indivisible. Il a été dit aussi que le Roi a de droit pour successeur son fils aîné, ou, s'il n'a pas d'enfants, son parent le plus proche. Si l'on demande la raison de cette loi, je renverrai à l'article 13 du précédent chapitre, en ajoutant que l'élection du Roi, faite par la multitude, doit avoir un caractère d'éternité ; autrement il arriverait que le pouvoir suprême reviendrait dans les mains de la multitude, révolution décisive et partant très périlleuse. Quant à ceux qui prétendent que le Roi, par cela seul qu'il est le maître de l'empire et le possède avec un droit absolu, peut le transmettre à qui il lui plait et choisir à son gré son successeur, et qui concluent de là que le fils du Roi

est de droit héritier de l'empire, ceux-là sont assurément dans l'erreur. En effet, la volonté du Roi n'a force de droit qu'aussi longtemps qu'il tient le glaive de l'État ; car le droit se mesure sur la seule puissance. Le Roi donc peut, il est vrai, quitter le trône, mais il ne peut le transmettre à un autre qu'avec l'assentiment de la multitude, ou du moins de la partie la plus forte de la multitude. Et pour que ceci soit mieux compris, il faut remarquer que les enfants sont héritiers de leurs parents, non pas en vertu du droit naturel, mais en vertu du droit civil ; car si chaque citoyen est maître de certains biens, c'est par la seule force de l'État. Voilà pourquoi la même puissance et le même droit qui fait que l'acte volontaire par lequel un individu a disposé de ses biens est reconnu valable, ce même droit fait que l'acte du testateur, même après sa mort, demeure valable tant que l'État dure ; et en général chacun, dans l'ordre civil, conserve après sa mort le même droit qu'il possédait de son vivant, par cette raison déjà indiquée que c'est par la puissance de l'État, laquelle est éternelle, et non par sa puissance propre, que chacun est maître de ses biens. Mais pour le Roi, il en est tout autrement. La volonté du Roi, en effet, est le droit civil lui-même, et l'État, c'est le Roi. Quand le Roi meurt, l'État meurt en quelque sorte ; l'état social revient à l'état de nature et par conséquent le souverain pouvoir retourne à la multitude qui, dès lors, peut à bon droit faire des lois nouvelles et abroger les anciennes. Il est donc évident que nul ne succède de droit au Roi que celui que veut la multitude, ou bien, si l'État est une théocratie semblable à celle des Hébreux, celui que Dieu a choisi par l'organe d'un prophète. Nous pourrions encore aboutir aux mêmes conséquences en nous appuyant sur ce principe que le glaive du Roi ou son droit n'est en réalité que la volonté de la multitude ou du moins de la partie la plus forte de la multitude, ou sur cet autre principe que des hommes doués de raison ne renoncent jamais à leur droit au point de perdre le caractère d'hommes et d'être traités comme des troupeaux. Mais il est inutile d'insister plus longtemps.

26. Quant à la religion ou au droit de rendre un culte à Dieu, personne ne peut le transférer à autrui. Mais nous avons discuté cette question dans les deux derniers chapitres de notre *Traité théologico-politique* , et il est superflu d'y revenir. Je crois, dans les pages qui précèdent, avoir démontré assez clairement, quoiqu'en peu de mots,

les conditions fondamentales du meilleur gouvernement monarchique. Et quiconque voudra les embrasser d'un seul coup d'œil avec attention, reconnaîtra qu'elles forment un étroit enchaînement et constituent un État parfaitement homogène. Il me reste seulement à avertir que j'ai eu constamment dans la pensée un gouvernement monarchique institué par une multitude libre, la seule à qui de telles institutions puissent servir. Car une multitude accoutumée à une autre forme de gouvernement ne pourra pas, sans un grand péril, briser les fondements établis et changer toute la structure de l'État.

27. Ces vues seront peut-être accueillies avec un sourire de dédain par ceux qui restreignent à la plèbe les vices qui se rencontrent chez tous les hommes. On m'opposera ces adages anciens : que le vulgaire est incapable de modération, qu'il devient terrible dès qu'il cesse de craindre, que la plèbe ne sait que servir avec bassesse ou dominer avec insolence, qu'elle est étrangère à la vérité, qu'elle manque de jugement, etc. Je réponds que tous les hommes ont une seule et même nature. Ce qui nous trompe à ce sujet, c'est la puissance et le degré de culture. Aussi arrive-t-il que lorsque deux individus font la même action, nous disons souvent : il est permis à celui-ci et défendu à celui-là d'agir de la sorte impunément ; la différence n'est pas dans l'action, mais dans ceux qui l'accomplissent. La superbe est le propre des dominateurs. Les hommes s'enorgueillissent d'une distinction accordée pour un an ; quel doit être l'orgueil des nobles qui visent à des honneurs éternels ! Mais leur arrogance est revêtue de faste, de luxe, de prodigalité, de vices qui forment un certain accord ; elle se pare d'une sorte d'ignorance savante et d'élégante turpitude, si bien que des vices qui sont honteux et laids, quand on les regarde en particulier, deviennent chez eux bienséants et honorables au jugement des ignorants et des sots. Que le vulgaire soit incapable de modération, qu'il devienne terrible dès qu'il cesse d'avoir peur, j'en conviens ; car il n'est pas facile de mêler ensemble la servitude et la liberté. Et enfin ce n'est pas une chose surprenante que le vulgaire reste étranger à la vérité et qu'il manque de jugement, puisque les principales affaires de l'État se font à son insu, et qu'il est réduit à des conjectures sur le petit nombre de celles qu'on ne peut lui cacher entièrement. Aussi bien suspendre son jugement est une vertu rare. Vouloir donc faire toutes

choses à l'insu des citoyens, et ne vouloir pas qu'ils en portent de faux jugements et qu'ils interprètent tout en mal, c'est le comble de la sottise. Si la plèbe, en effet, pouvait se modérer, si elle était capable de suspendre son jugement sur ce qu'elle connaît peu et d'apprécier sainement une affaire sur un petit nombre d'éléments connus, la plèbe alors serait faite pour gouverner et non pour être gouvernée. Mais, comme nous l'avons dit, la nature est la même chez tous les hommes, tous s'enorgueillissent par la domination ; tous deviennent terribles, dès qu'ils cessent d'avoir peur, et partout la vérité vient se briser contre des cœurs rebelles ou timides, là surtout où le pouvoir étant entre les mains d'un seul ou d'un petit nombre, on ne vise qu'à entasser de grandes richesses au lieu de se proposer pour but la vérité et le droit.

28. Quant aux soldats stipendiés, on sait qu'accoutumés à la discipline militaire, endurcis au froid et aux privations, ils méprisent d'ordinaire la foule des citoyens, comme incapable de les égaler à beaucoup près dans les attaques de vigueur et en rase campagne. C'est là aux yeux de tout esprit sain une cause de ruine et de fragilité. Au contraire, tout appréciateur équitable reconnaîtra que l'État le plus ferme de tous, c'est celui qui ne peut que défendre ses possessions acquises sans convoiter les territoires étrangers, et qui dès lors s'efforce par tous les moyens d'éviter la guerre et de maintenir la paix.

29. Au surplus, j'avoue que les desseins d'un tel État peuvent difficilement être cachés. Mais tout le monde conviendra aussi avec moi qu'il vaut mieux voir les desseins honnêtes d'un gouvernement connus des ennemis, que les machinations perverses d'un tyran tramées à l'insu des citoyens. Quand les gouvernants sont en mesure d'envelopper dans le secret les affaires de l'État, c'est que le pouvoir absolu est dans leurs mains, et alors ils ne se bornent pas à tendre des embûches à l'ennemi en temps de guerre ; ils en dressent aussi aux citoyens en temps de paix. Au surplus, il est impossible de nier que le secret ne soit souvent nécessaire dans un gouvernement ; mais que l'État ne puisse subsister sans étendre le secret à tout, c'est ce que personne ne soutiendra. Confier l'État à un seul homme et en même temps garder la liberté, c'est chose évidemment impossible, et par conséquent il y a de la sottise, pour éviter un petit dommage, à s'exposer à un grand mal. Mais voilà bien l'éternelle chanson de ceux

qui convoitent le pouvoir absolu : qu'il importe hautement à l'État que ses affaires se fassent dans le secret, et autres beaux discours qui, sous le voile de l'utilité publique, mènent tout droit à la servitude.

30. Enfin, bien qu'aucun État, à ma connaissance, n'ait été institué avec les conditions que je viens de dire, je pourrais cependant invoquer aussi l'expérience et établir par des faits qu'à considérer les causes qui conservent un État civilisé et celles qui le détruisent, la forme de gouvernement monarchique décrite plus haut est la meilleure qui se puisse concevoir. Mais je craindrais, en développant cette preuve expérimentale, de causer un grand ennui au lecteur. Je ne veux pas du moins passer sous silence un exemple qui me paraît digne de mémoire ; c'est celui de ces Aragonais, qui, pleins d'une fidélité singulière envers leurs rois, surent avec une égale constance conserver intactes leurs institutions nationales. Quand ils eurent secoué le joug des Maures, ils résolurent de se choisir un roi. Mais ne se trouvant pas d'accord sur les conditions de ce choix, ils résolurent de consulter le souverain Pontife romain. Celui-ci, se montrant en cette occasion un véritable vicaire du Christ, les gourmanda de profiter si peu de l'exemple des Hébreux et de s'obstiner si fort à demander un roi ; puis il leur conseilla, au cas où ils ne changeraient pas de résolution, de n'élire un roi qu'après avoir préalablement établi des institutions équitables et bien appropriées au caractère de la nation, mais surtout il leur recommanda de créer un conseil suprême pour servir de contrepoids à la royauté (comme étaient les éphores à Lacédémone) et pour vider souverainement les différends qui s'élèveraient entre le Roi et les citoyens. Les Aragonais, se conformant à l'avis du Pontife, instituèrent les lois qui leur parurent les plus équitables et leur donnèrent pour interprète, c'est-à-dire pour juge suprême, non pas le Roi, mais un conseil appelé Conseil des Dix-sept, dont le président porte le nom de *Justice* (*el Justiza*). Ainsi donc c'est *el Justiza* et les Dix-sept, élus à vie non par voie de suffrage, mais par le sort, qui ont le droit absolu de révoquer ou de casser tous les arrêts rendus contre un citoyen quel qu'il soit par les autres conseils, tant politiques qu'ecclésiastiques, et même par le Roi, de sorte que tout citoyen aurait le droit de citer le Roi lui-même devant ce tribunal. Les Dix-sept eurent, en outre, autrefois le droit d'élire le Roi et le droit de le déposer ; mais après de longues années, le roi don Pèdre, surnommé

Poignard , à force d'intrigues, de largesses, de promesses et de toutes sortes de faveurs, parvint enfin à faire abolir ce droit (on dit qu'aussitôt après avoir obtenu ce qu'il demandait, il se coupa la main avec son poignard en présence de la foule, ou du moins, ce que j'ai moins de peine à croire, qu'il se blessa la main en disant qu'il fallait que le sang royal coulât pour que des sujets eussent le droit d'élire le Roi). Les Aragonais toutefois ne cédèrent pas sans condition : ils se réservèrent *le droit de prendre les armes contre toute violence de quiconque voudrait s'emparer du pouvoir à leur dam, même contre le Roi et contre le prince héritier présomptif de la couronne, s'il faisait un usage pernicieux de l'autorité* . Certes, par cette condition ils abolirent moins le droit antérieur qu'ils ne le corrigèrent ; car, comme nous l'avons montré aux articles 5 et 6 du chapitre IV, ce n'est pas au nom du droit civil, mais au nom du droit de la guerre que le roi peut être privé du pouvoir et que les sujets ont le droit de repousser la force par la force. Outre les conditions que je viens d'indiquer, les Aragonais en stipulèrent d'autres qui n'ont point de rapport à notre sujet. Toutes ces institutions établies du consentement de tous se maintinrent pendant un espace de temps incroyable, toujours observées avec une fidélité réciproque par les rois envers les sujets et par les sujets envers les rois. Mais après que le trône eut passé par héritage à Ferdinand de Castille, qui prit le premier le nom de roi catholique, cette liberté des Aragonais commença d'être odieuse aux Castillans qui ne cessèrent de presser Ferdinand de l'abolir. Mais lui, encore mal accoutumé au pouvoir absolu et n'osant rien tenter, leur fit cette réponse : *J'ai reçu le royaume d'Aragon aux conditions que vous savez, en jurant de les observer religieusement, et il est contraire à l'humanité de violer la parole donnée ; mais, outre cela, je me suis mis dans l'esprit que mon trône ne serait stable qu'autant qu'il y aurait sécurité égale pour le Roi et pour ses sujets, de telle sorte que ni le Roi ne fût prépondérant par rapport aux sujets, ni les sujets par rapport au Roi ; car si l'une de ces deux parties de l'État devient plus puissante, la plus faible ne manquera pas non-seulement de faire effort pour recouvrer l'ancienne égalité, mais encore, par ressentiment du dommage subi, de se retourner contre l'autre, d'où résultera la ruine de l'une ou de l'autre, et peut-être celle de toutes les deux* . Sages paroles, et dont je ne pourrais m'étonner assez, si elles avaient été prononcées par un roi accoutumé à commander à des esclaves et non pas à des hommes libres. Après Ferdinand, les Aragonais conservèrent leur liberté, non plus, il est vrai, en vertu du droit, mais par le bon plaisir de rois plus puissants, jusqu'à Philippe II qui les opprima non moins cruellement et avec plus de succès que les Provinces-Unies. Et bien qu'il semble que Philippe III ait rétabli toutes choses dans leur premier état, la vérité est que les Aragonais, le plus grand nombre par complaisance pour le pouvoir (car, comme dit le proverbe, c'est une folie de ruer contre l'éperon), les autres par crainte, ne conservèrent plus de la liberté que des mots spécieux et de vains usages.

31. Concluons que la multitude peut garder sous un roi une liberté assez large, pourvu qu'elle fasse en sorte que la puissance du roi soit déterminée par la seule puissance de la multitude et maintenue à l'aide de la multitude elle-même. Ç'a été là l'unique règle que j'ai suivie en établissant les conditions fondamentales du gouvernement monarchique.

Chapitre VIII

De l'aristocratie

1. Je n'ai encore parlé que de la monarchie, Maintenant, comment faut-il organiser le gouvernement aristocratique pour qu'il puisse durer ? c'est ce que je vais dire.

J'ai appelé gouvernement aristocratique celui qui est dirigé, non par un seul, mais par un certain nombre de citoyens élus parmi la multitude (je les nommerai dorénavant patriciens). Remarquez que je dis *un certain nombre de citoyens élus* . En effet, il y a cette différence principale entre le gouvernement démocratique et l'aristocratique, que dans celui-ci le droit de gouverner dépend de la seule élection, tandis que dans l'autre il dépend, comme je le montrerai au lieu convenable, soit d'un droit inné, soit d'un droit acquis par le sort ; et par conséquent, alors même que dans un État tous les citoyens pourraient être admis à entrer dans le corps des patriciens, ce droit n'étant pas héréditaire et ne se transmettant pas à d'autres en vertu d'une loi commune, l'État ne laisserait pas d'être aristocratique, et cela parce que nul n'y serait reçu parmi les patriciens qu'en vertu d'une expresse élection. Maintenant, si vous n'admettez que deux patriciens, l'un s'efforcera d'être plus puissant que l'autre, et l'État risquera, à cause de la trop grande puissance de chacun d'eux, d'être divisé en deux factions, et il risquera de l'être en trois, quatre ou cinq factions, si le pouvoir est entre les mains de trois, quatre ou cinq patriciens. Les factions, au contraire, seront plus faibles à mesure qu'il y aura un plus grand nombre de gouvernants. D'où il suit que pour que le gouvernement aristocratique soit stable, il faut tenir compte de la grandeur de l'empire pour déterminer le minimum du nombre des patriciens.

2. Posons en principe que pour un empire de médiocre étendue c'est assez qu'il y ait cent hommes éminents investis du pouvoir souverain et par conséquent du droit de choisir leurs collègues, à mesure que l'un d'eux vient à perdre la vie. Il est clair que ces personnages feront tous les efforts imaginables pour se recruter parmi leurs enfants ou leurs proches, d'où il arrivera que le pouvoir souverain restera toujours entre les mains de ceux que le sort a faits fils ou parents de patriciens. Et comme sur cent individus que le sort fait monter aux honneurs, il s'en rencontre à peine trois qui aient une capacité éminente, il s'ensuit que le gouvernement de l'État ne sera pas entre les mains de cent individus, mais de deux ou trois seulement d'un talent supérieur qui entraîneront tout le reste ; et chacun d'eux, selon le commun penchant de la nature humaine, cherchera à se frayer une voie vers la monarchie. Par conséquent, dans un empire qui par son étendue exige au moins cent hommes éminents, il faut, si nous calculons bien, que le pouvoir soit déféré à cinq mille patriciens pour le moins. De cette manière, en effet, on ne manquera jamais de trouver cent individus éminents, en supposant toutefois que sur cinquante personnes qui aspirent aux honneurs et qui les obtiennent, on trouve toujours un individu qui ne soit pas inférieur aux meilleurs, outre ceux qui tâchent d'égaler leurs vertus et qui à ce titre sont également dignes de gouverner.

3. Il arrive le plus souvent que les patriciens appartiennent à une seule ville qui est la capitale de tout l'empire et qui donne son nom à l'État ou à la république, comme par exemple cela s'est vu dans les républiques de Rome, de Venise, de Gênes, etc. Au contraire, la république des Hollandais tire son nom de la province tout entière, d'où il arrive que les sujets de ce gouvernement jouissent d'une plus grande liberté.

Mais avant de déterminer les conditions fondamentales du gouvernement aristocratique, remarquons la différence énorme qui existe entre un pouvoir confié à un seul homme et celui qui est entre les mains d'une assemblée suffisamment nombreuse. Et d'abord la puissance d'un seul homme est toujours disproportionnée au fardeau de tout l'empire (comme nous l'avons fait voir, article 5 du chapitre VI), inconvénient qui n'existe pas pour une assemblée suffisamment nombreuse ; car, du moment que vous la reconnaissez telle, vous accordez qu'elle est capable de suffire au poids de l'État. Par conséquent, tandis que le Roi a toujours besoin de conseillers, cette assemblée peut s'en passer. En second lieu, les rois sont mortels ; les assemblées, au contraire, sont éternelles, et par suite, la puissance de l'État, une fois mise entre les mains d'une assemblée suffisamment nombreuse, ne revient jamais à la multitude, ce qui n'a pas lieu dans le gouvernement monarchique, ainsi que nous l'avons montré à l'article 25 du précédent chapitre. Troisièmement, le gouvernement d'un Roi est toujours précaire, à cause de l'enfance, de la maladie, de la vieillesse et autres accidents semblables ; au lieu que la puissance d'une assemblée subsiste une et toujours la même. Quatrièmement, la volonté d'un seul homme est fort variable et fort inconstante, d'où il résulte que tout le droit de l'État monarchique est dans la volonté expliquée du Roi (comme nous l'avons fait voir dans l'article 1 du chapitre précédent), sans que pour cela toute volonté du Roi doive être le droit ; or cette difficulté disparaît quand il s'agit de la volonté d'une assemblée suffisamment nombreuse. Car cette assemblée, n'ayant pas besoin de conseillers (comme on vient de le dire), il s'ensuit que toute volonté expliquée émanant d'elle est le droit même. Je conclus de là que le gouvernement confié à une assemblée suffisamment nombreuse est un gouvernement absolu, ou du moins celui qui approche le plus de l'absolu ; car s'il y a un gouvernement absolu, c'est celui qui est entre les mains de la multitude tout entière.

4. Toutefois, en tant que le pouvoir dans un État aristocratique ne revient jamais à la multitude (ainsi qu'il a été expliqué plus haut) et que la multitude n'y a pas voix délibérative, toute volonté du corps des patriciens étant le droit, le gouvernement aristocratique doit être considéré comme entièrement absolu, et quand il s'agit d'en poser les bases, il faut s'appuyer uniquement sur la volonté et le jugement de l'Assemblée des patriciens, et non pas sur la vigilance de la multitude, puisque celle-ci n'a ni voix consultative, ni droit de suffrage. Ce qui fait que dans la pratique ce gouvernement n'est pas absolu, c'est que la multitude est un objet de crainte pour les gouvernants et qu'à cause de cela même elle obtient quelque liberté, non par une loi expresse, mais par une secrète et effective revendication.

5. Il devient donc évident que la meilleure condition possible du gouvernement aristocratique, c'est d'être le plus possible un gouvernement absolu, c'est d'avoir à craindre le moins possible la multitude, et de ne lui donner aucune autre liberté que celle qui dérive nécessairement de la constitution de l'État, liberté qui dès lors est moins le droit de la multitude que le droit de l'État tout entier revendiqué et conservé par les seuls patriciens. A cette condition, en effet, la pratique sera d'accord avec la théorie (comme cela résulte de l'article précédent, et d'ailleurs la chose est de soi manifeste). Car il est clair que le gouvernement sera d'autant moins entre les mains des patriciens que la plèbe revendiquera plus de droits, comme il arrive en basse Allemagne dans ces collèges d'artisans qu'on appelle *gilden* .

6. Et il ne faut pas craindre, parce que le pouvoir appartiendra absolument à l'Assemblée des patriciens, qu'il y ait danger pour la plèbe de tomber dans un funeste esclavage. En effet, ce qui détermine la volonté d'une assemblée suffisamment nombreuse, ce n'est pas tant la passion que la raison. Car la passion pousse toujours les hommes en des sens contraires, et il n'y a que le désir des choses honnêtes ou du moins des choses qui ont une apparence d'honnêteté qui les unisse dans une seule pensée.

7. Ainsi donc le point capital dans l'établissement des bases du gouvernement aristocratique, c'est qu'il faut l'appuyer sur la seule

volonté et la seule puissance de l'Assemblée suprême, de telle sorte que cette Assemblée s'appartienne, autant que possible, à elle-même et n'ait aucun péril à redouter de la multitude. Essayons d'atteindre ce but, et, pour cela, rappelons quelles sont dans le gouvernement monarchique les conditions de la paix de l'État, conditions qui sont propres à la monarchie et par conséquent étrangères au gouvernement aristocratique. Si nous parvenons à y substituer des conditions équivalentes, convenables à l'aristocratie, toutes les causes de sédition seront supprimées, et nous aurons un gouvernement où la sécurité ne sera pas moindre que dans le gouvernement monarchique. Elle y sera même d'autant plus grande et la condition générale de l'État sera d'autant meilleure que l'aristocratie est plus près que la monarchie du gouvernement absolu, et cela sans dommage pour la paix et la liberté (voyez les articles 3 et 6 du présent chapitre). Plus est grand, en effet, le droit du souverain pouvoir, plus la forme de l'État s'accorde avec les données de la raison (par l'article 5 du chapitre III), et plus par conséquent elle est propre à conserver la paix et la liberté. Parcourons donc les questions traitées au chapitre VI, article 9, afin de rejeter toutes les institutions inconciliables avec l'aristocratie et de recueillir celles qui lui conviennent.

8. Premièrement, qu'il soit nécessaire de fonder et de fortifier une ou plusieurs villes, c'est ce dont personne ne peut douter. Mais il faut principalement fortifier la ville qui est la capitale de l'empire, et en outre les villes frontières. En effet, il est clair que la ville qui est la tête de l'État et qui en possède le droit suprême doit être plus forte que toutes les autres. Au reste il est tout à fait inutile, dans ce gouvernement, de diviser les habitants en familles.

9. En ce qui touche l'armée, puisque dans le gouvernement aristocratique ce n'est pas entre tous les citoyens, mais entre les patriciens seulement qu'il faut chercher l'égalité, et d'ailleurs et avant tout, puisque la puissance des patriciens est plus grande que celle de la plèbe, il s'ensuit qu'une armée uniquement formée de citoyens, à l'exclusion des étrangers n'est pas une institution qui dérive des lois nécessaires de ce gouvernement. Ce qui est indispensable, c'est que nul ne soit reçu au nombre des patriciens, s'il ne connaît parfaitement l'art militaire. Quelques-uns vont jusqu'à soutenir que les citoyens ne

doivent pas faire partie de l'armée ; c'est une exagération absurde. Car, outre que la solde payée aux citoyens reste dans l'empire, au lieu qu'elle est perdue si on la paye à des étrangers, ajoutez qu'exclure les citoyens de l'armée, c'est altérer la plus grande force de l'État. N'est-il pas certain, en effet, que ceux-là combattent avec une vertu singulière qui combattent pour leurs autels et pour leurs foyers ? Je conclus de là que c'est encore une erreur que de vouloir choisir les généraux d'armée, les tribuns, les centurions, etc. parmi les seuls patriciens. Comment trouverez-vous de la vertu militaire là où vous ôtez toute espérance de gloire et d'honneurs ? D'un autre côté, défendre aux patriciens d'engager une troupe étrangère, quand les circonstances le demandent, soit pour leur propre défense et pour réprimer les séditions, soit pour d'autres motifs quelconques, ce serait une mesure inconsidérée et contraire au droit souverain des patriciens (voyez les articles 3, 4 et 5 du présent chapitre). Du reste, le général d'un corps de troupes ou de l'armée tout entière doit être élu pour le temps de la guerre seulement et parmi les seuls patriciens ; il ne doit avoir le commandement que pour une année au plus et ne peut être ni continué, ni plus tard réélu. Cette loi, nécessaire dans la monarchie, est plus nécessaire encore dans le gouvernement aristocratique. En effet, comme nous l'avons dit plus haut, bien qu'il soit plus facile de transférer l'empire d'un seul individu à un autre que d'une assemblée libre à un seul individu, cependant il arrive souvent que les patriciens sont opprimés par leurs généraux, et cela avec un bien plus grand dommage pour la république. En effet, quand un monarque est supprimé, il y a changement, non pas de gouvernement, mais seulement de tyran. Mais dans un gouvernement aristocratique, quand il y a un maître, tout l'État est renversé et les principaux citoyens tombent en ruine. On en a vu à Rome les exemples les plus désastreux.

Les motifs qui nous ont fait dire que dans une monarchie l'armée ne doit pas avoir de solde n'existent plus dans le gouvernement aristocratique. Car les sujets étant écartés des conseils de l'État et privés du droit de suffrage, ils doivent être considérés comme des étrangers et par conséquent les conditions de leur engagement dans l'armée ne peuvent pas être moins favorables que celles des étrangers. Et il n'y a pas à craindre ici qu'il y ait pour eux des préférences. Il sera même sage, afin que chacun ne soit pas, selon la coutume, un appréciateur partial de ses actions, que les patriciens fixent une rémunération déterminée pour le service militaire.

10. Par cette même raison que tous les sujets, à l'exception des patriciens, sont des étrangers, il ne se peut faire sans péril capital pour l'État que les champs, les maisons et tout le sol restent propriété publique et soient loués aux habitants moyennant un prix annuel. En effet, les sujets n'ayant aucune part au gouvernement de l'État ne manqueraient pas, en cas de malheur, de quitter les villes, s'il leur était permis d'emporter où ils voudraient les biens qu'ils auraient entre les mains. Ainsi donc les champs et les fonds de terre ne seront pas loués aux sujets, mais vendus à cette condition toutefois qu'ils versent au trésor tous les ans une partie déterminée de leur récolte, etc., comme cela se fait en Hollande.

11. Je passe à l'organisation qu'il faudra donner à l'Assemblée suprême. On a fait voir, article 2 du présent chapitre, que pour un empire de médiocre étendue, les membres de cette Assemblée devaient être au nombre de cinq mille environ, et par conséquent il faut aviser à ce que ce chiffre, au lieu de décroître par degrés, s'augmente au contraire à proportion de l'accroissement de l'empire ; puis il faut faire en sorte que l'égalité se conserve, autant que possible, entre les patriciens, et aussi que l'expédition des affaires dans l'assemblée se fasse promptement ; enfin, que la puissance des patriciens ou de l'assemblée soit plus grande que celle de la multitude, sans toutefois que la multitude ait aucun dommage à en souffrir.

12. Or, pour obtenir le premier de ces résultats, une grande difficulté s'élève, et d'où vient-elle ? de l'envie. Car les hommes, nous l'avons dit, sont naturellement ennemis, de sorte que tout liés qu'ils soient par les institutions sociales, ils restent ce que la nature les a faits. Et c'est là, je pense, ce qui explique pourquoi les gouvernements démocratiques se changent en aristocraties et les aristocraties en États monarchiques. Car je me persuade aisément que la plupart des gouvernements aristocratiques ont été d'abord démocratiques. Une masse d'hommes cherche de nouvelles demeures ; elle les trouve et les cultive. Jusque-là le droit de commander est égal chez tous, nul ne donnant volontiers le pouvoir à un autre. Mais bien que chacun trouve

juste d'avoir à l'égard de son voisin le même droit que son voisin a par rapport à lui, ils ne trouvent pas également juste que des étrangers, qui sont venus en grand nombre se fixer dans le pays, aient un droit égal au leur, au sein d'un État qu'ils ont fondé pour eux-mêmes avec de grandes peines et au prix de leur sang. Or, ces étrangers eux-mêmes, qui ne sont pas venus pour prendre part aux affaires de l'État, mais pour s'occuper de leurs affaires particulières, reconnaissent leur inégalité, et pensent qu'on leur accorde assez en leur permettant de pourvoir à leurs intérêts domestiques avec sécurité. Cependant la population de l'État augmente par l'affluence des étrangers, et peu à peu ceux-ci prennent les mœurs de la nation, jusqu'à ce qu'enfin on ne les distingue plus que par cette différence qu'ils n'ont pas droit aux fonctions publiques. Or, tandis que le nombre des étrangers s'accroît tous les jours, celui des citoyens au contraire diminue par beaucoup de causes. Souvent des familles viennent à s'éteindre ; d'autres sont exclues de l'État pour cause de crimes ; la plupart, à cause du mauvais état de leurs affaires privées, négligent la chose publique, et pendant ce temps-là un petit nombre de citoyens puissants ne poursuit qu'un but, savoir de régner seuls. Et c'est ainsi que par degrés le gouvernement tombe entre les mains de quelques-uns, et puis d'un seul. Voilà quelques-unes des causes qui détruisent les gouvernements, et il y en a plusieurs autres que je pourrais indiquer ; mais comme elles sont assez connues, je les passe sous silence pour exposer avec ordre les lois qui doivent être pour le gouvernement aristocratique un principe de stabilité.

13. La première de ces lois, c'est celle qui déterminera le rapport du nombre des patriciens à la population générale de l'État. Ce rapport, en effet (d'après l'article 1 du présent chapitre), doit être tel que le nombre des patriciens s'accroisse en raison de l'accroissement de la population. Or, nous avons vu (article 2 du présent chapitre) qu'il convient d'avoir un patricien sur cinquante individus pour le moins ; car le nombre des patriciens (d'après l'article 1 du présent chapitre) pourrait être plus grand, sans que la forme de l'État fût changée, le danger ne commençant qu'avec leur petit nombre. Maintenant, par quel moyen doit-on veiller à ce que cette loi ne souffre aucune atteinte ? c'est ce que je montrerai bientôt, quand le moment en sera venu.

14. Les patriciens sont choisis parmi certaines familles seulement et dans certains lieux. Mais établir qu'il en sera ainsi par une loi expresse, ce serait dangereux ; car outre que souvent les familles viennent à s'éteindre et qu'il y a une sorte d'ignominie pour les familles exclues, ajoutez qu'il répugne à la forme du gouvernement dont nous parlons que la dignité patricienne y soit héréditaire (par l'article 1 du présent chapitre). Mais par cette raison, ce gouvernement semble être plutôt une démocratie, telle que celle que nous avons décrite à l'article 12 du présent chapitre, je veux dire un État où le pouvoir est entre les mains d'un très petit nombre de citoyens. D'un autre côté, vouloir empêcher les patriciens d'élire leurs fils et leurs parents, de sorte que le pouvoir ne se perpétue pas dans quelques familles, c'est une chose impossible et même absurde, comme je le ferai voir plus haut à l'article 39. Pourvu donc que les patriciens n'obtiennent pas ce privilège par une loi expresse, et que les autres citoyens ne soient pas exclus (je parle de ceux qui sont nés dans l'empire, qui en parlent la langue, qui n'ont pas épousé des étrangères, qui ne sont pas infâmes, qui enfin ne vivent pas du métier de domestiques ou de quelque autre office servile, et je compte les marchands devin et de bière dans cette dernière catégorie), l'État gardera sa forme, et le rapport entre les patriciens et la multitude pourra toujours être conservé.

15. Que si l'on établit en outre par une loi que nul ne soit élu avant un certain âge, il n'arrivera jamais que le pouvoir se concentre dans un petit nombre de familles. Il faut donc qu'il y ait une loi qui interdise de porter sur la liste des éligibles quiconque n'a pas trente ans révolus.

16. En troisième lieu, il sera établi que tous les patriciens doivent à certaines époques marquées s'assembler dans un endroit déterminé de la ville, et que tout absent qui n'aura pas été empêché par la maladie ou par quelque service public sera frappé d'une amende pécuniaire assez forte. Sans cela, en effet, le plus grand nombre négligerait les affaires publiques pour s'occuper de ses intérêts privés.

17. L'office de cette Assemblée est de faire les lois et de les abroger, de choisir les patriciens et tous les fonctionnaires de l'État. Il est impossible, en effet, qu'un corps qui possède, comme l'Assemblée dont il s'agit, le droit du souverain, donne à qui que ce soit le pouvoir de faire les lois ou de les abroger, sans abandonner aussitôt son droit

et le mettre dans les mains de celui auquel il donnerait un tel pouvoir ; car posséder, même un seul jour, le pouvoir de faire les lois ou de les abroger, c'est être en mesure de changer toute l'organisation de l'État. Il n'en est pas de même de l'administration des affaires quotidiennes ; l'Assemblée peut s'en décharger pour un temps sans rien perdre de son droit souverain. Ajoutons que si les fonctionnaires de l'État étaient élus par un autre que par l'Assemblée, celle-ci serait composée, non plus de patriciens, mais de pupilles.

18. Il y a des peuples qui donnent à l'Assemblée des patriciens un directeur ou prince, tantôt nommé à vie, comme à Venise, tantôt pour un temps, comme à Gênes ; mais cela se fait avec de telles précautions qu'on voit assez que cette élection met l'État dans un grand danger. Il est hors de doute, en effet, que l'État se rapproche alors beaucoup de la monarchie. Aussi bien ce qu'on sait de l'histoire de ces peuples donne à penser qu'avant la constitution des assemblées patriciennes, ils avaient eu une sorte de roi sous le nom de directeur ou de doge. Et par conséquent l'institution d'un directeur peut bien être un besoin nécessaire de telle nation, mais non du gouvernement aristocratique considéré d'une manière absolue.

19. Cependant, comme le souverain pouvoir est aux mains de l'Assemblée tout entière et non de chacun de ses membres (car autrement elle ne serait plus qu'une multitude en désordre), il est nécessaire que les patriciens soient si étroitement liés entre eux par les lois qu'ils ne composent qu'un seul corps, régi par une seule âme. Or les lois toutes seules sont par elles-mêmes de faibles barrières et faciles à briser, quand surtout les hommes chargés de veiller à leur conservation sont ceux-là même qui peuvent les violer et qui sont tenus de se maintenir réciproquement dans l'ordre par la crainte du châtiment. Il y a donc là un cercle vicieux énorme, et nous devons chercher un moyen de garantir la constitution de l'Assemblée et les lois de l'État, de telle sorte cependant qu'il y ait entre les patriciens autant d'égalité que possible.

20. Or, comme l'institution d'un seul directeur ou prince, qui aurait aussi le droit de suffrage dans l'Assemblée, entraîne nécessairement une grande inégalité (car enfin il faut, si on l'institue, lui donner la puissance nécessaire pour s'acquitter de sa fonction), je

ne crois pas, à bien considérer toutes choses, qu'on puisse rien faire de plus utile au salut commun que de créer une seconde assemblée, formée d'un certain nombre de patriciens, et uniquement chargée de veiller au maintien inviolable des lois de l'État en ce qui regarde les corps délibérants et les fonctionnaires publics. Cette Assemblée aura en conséquence le droit de citer à sa barre et de condamner d'après les lois tout fonctionnaire public qui aura manqué à ses devoirs. Je donnerai aux membres de cette seconde Assemblée le nom de syndics.

21. Les syndics doivent être élus à vie. Si, en effet, ils étaient élus à temps, de telle sorte qu'ils pussent par la suite être appelés à d'autres fonctions, nous tomberions dans l'inconvénient déjà signalé, article 19 du présent chapitre. Mais pour qu'une trop longue domination n'exalte pas leur orgueil, il sera établi que nul ne devient syndic qu'après avoir atteint l'âge de soixante ans et s'être acquitté de la fonction de sénateur dont je parlerai plus bas.

22. Le nombre des syndics sera facile à déterminer, si nous considérons que les syndics doivent être aux patriciens ce que les patriciens sont à la multitude. Or les patriciens ne peuvent gouverner que si leur nombre ne reste pas au-dessous d'un certain minimum. Il faudra donc que le nombre des syndics soit au nombre des patriciens comme le nombre des patriciens est au nombre des sujets, c'est-à-dire (par l'article 13 du présent chapitre) dans le rapport de un à cinquante.

23. De plus, afin que le conseil des syndics puisse remplir son office en sécurité, il faudra mettre à sa disposition une partie de l'armée à laquelle il pourra donner tels ordres qu'il voudra.

24. Il n'y aura pour les syndics, et en général pour les fonctionnaires, aucun traitement fixe, mais seulement des émoluments combinés de telle façon qu'ils ne puissent mal administrer la république sans un grand dommage pour eux-mêmes. Car il est juste d'une part d'accorder une rémunération aux fonctionnaires publics, la majeure partie des habitants étant peuple et ne s'occupant que de ses affaires privées, tandis que les patriciens seuls s'occupent des affaires publiques et veillent à la sécurité de tous ; mais d'un autre côté (comme nous l'avons dit à l'article 4 du chapitre VII), nul ne défend les intérêts d'autrui qu'autant qu'il croit par là défendre ses intérêts propres, et par conséquent les choses doivent être ainsi disposées que les

fonctionnaires publics travaillent d'autant plus à leur bien personnel qu'ils procurent davantage le bien général.

25. Voici donc les émoluments qu'il conviendra d'assigner aux syndics, dont l'office, je le répète, est de veiller à la conservation des lois de l'État : que chaque père de famille ayant son habitation dans l'empire soit tenu de payer, chaque année, aux syndics, une faible somme, le quart d'une once d'argent par exemple ; ce sera un moyen de constater le chiffre de la population et de voir dans quel rapport il est avec le nombre des patriciens. Ensuite, que chaque patricien nouvellement élu paye aux syndics une somme considérable, par exemple vingt ou vingt-cinq livres d'argent. On attribuera encore aux syndics : 1° les amendes pécuniaires subies par les patriciens absents (je parle de ceux qui auront fait défaut à une convocation de l'Assemblée) ; 2° une partie des biens des fonctionnaires délinquants qui, ayant dû comparaître devant le tribunal des syndics, auront été frappés d'une amende ou condamnés à la confiscation. Remarquez qu'il ne s'agit pas ici de tous les syndics, mais seulement de ceux qui siègent tous les jours et dont l'office est de convoquer en conseil leurs collègues (voyez l'article 28 du présent chapitre).

Pour que le conseil des syndics maintienne le chiffre normal de ses membres, il faudra que cette question soit soulevée avant toutes les autres, chaque fois que l'Assemblée suprême se réunira aux époques légales. Si les syndics négligent ce soin, le président du Sénat (nous aurons à parler tout à l'heure de ce nouveau corps) devra avertir l'Assemblée, exiger du président des syndics de rendre raison de son silence, s'enquérir enfin de l'opinion de l'Assemblée à cet égard. Le président du Sénat garde-t-il aussi le silence ? L'affaire concerne alors le président du tribunal suprême, ou, si ce dernier vient à se taire, tout patricien quel qu'il soit, lequel demande compte de leur silence tant au président des syndics qu'au président du Sénat et à celui des juges.

Enfin, pour que la loi qui interdit aux citoyens trop jeunes de faire partie de l'Assemblée soit strictement maintenue, il faut établir que tous les citoyens parvenus à l'âge de trente ans, et qui ne sont exclus du gouvernement par aucune loi, devront faire inscrire leur nom sur un registre en présence des syndics et recevoir de ces magistrats, moyennant une rétribution déterminée, quelque marque de l'honneur qui leur est conféré ; cette formalité remplie, ils seront autorisés à porter un ornement à eux seuls réservé, et qui leur servira de signe distinctif et honorifique. En même temps une loi défendra à tout patricien d'élire un citoyen dont le nom ne serait pas porté sur le registre en question, et cela sous une peine sévère. En outre, nul n'aura la faculté de refuser l'office ou la fonction qui lui sera conférée par l'élection. Enfin, pour que toutes les lois absolument fondamentales de l'État soient éternelles, il sera établi que si dans l'Assemblée suprême quelqu'un soulève une question sur une loi de cette nature en proposant par exemple de prolonger le commandement d'un général d'armée, ou de diminuer le nombre des patriciens, ou telle autre chose semblable, à l'instant même il soit accusé du crime de lèse-majesté, puni de mort, ses biens confisqués, et qu'il reste, pour la mémoire éternelle de son crime, quelque signe public et éclatant du supplice. Quant aux autres lois de l'État, il suffira qu'aucune loi ne puisse être abrogée, aucune loi nouvelle introduite, si d'abord le conseil des syndics, et ensuite les trois quarts ou les quatre cinquièmes de l'Assemblée suprême ne sont tombés d'accord sur ce point.

26. Le droit de convoquer l'Assemblée suprême et d'y proposer les décisions à prendre appartiendra aux syndics, et ils auront en outre la première place dans l'Assemblée, mais sans droit de suffrage. Avant de prendre siège, ils jureront, au nom du salut de l'Assemblée et de la liberté publique, de faire tous leurs efforts pour conserver les lois de l'État et procurer le bien général. Ce serment prêté, le secrétaire du conseil des syndics ouvre la série des affaires à mettre en discussion.

27. Il importe que tous les patriciens aient un pouvoir égal, soit dans les décisions de l'Assemblée, soit dans le choix des fonctionnaires publics, et il importe aussi que l'expédition des affaires s'exécute promptement. Or la coutume de Venise est ici fort digne d'approbation. Quand il s'agit d'élire les fonctionnaires publics, ils tirent au sort les noms d'un certain nombre de membres de l'Assemblée qui sont chargés de designer les personnes élues. A mesure que se fait la désignation, chaque patricien donne son avis, approuve ou désapprouve le choix du fonctionnaire proposé, et cela au moyen de boules, afin que l'on ignore pour qui chacun a voté. En procédant de la sorte, on n'a pas seulement en vue l'égalité du pouvoir entre les

patriciens et la prompte expédition des affaires, mais on veut aussi, et c'est en effet une chose absolument nécessaire dans les assemblées, on veut que chacun ait la liberté absolue de voter comme il lui plaît sans avoir aucune haine à redouter.

28. On procédera de la même manière dans le conseil des syndics et dans les autres assemblées, je veux dire que les votes se feront à l'aide de boules. Quant au droit de convoquer le conseil des syndics, il appartiendra à leur président, lequel siège tous les jours avec dix autres syndics et un plus grand nombre, pour écouter les plaintes du peuple au sujet des fonctionnaires et les accusations secrètes pour s'assurer de la personne des accusateurs si la chose est nécessaire, enfin pour convoquer l'Assemblée suprême, avant même l'époque légalement fixée, si l'un des syndics est d'avis qu'il y aurait péril à différer cette convocation. Le président et ceux qui se réunissent chaque jour avec lui doivent être élus par l'Assemblée suprême. Ils sont pris dans le conseil des syndics, et nommés non pas à vie, mais pour six mois seulement, sans pouvoir être réélus avant un intervalle de trois ou quatre années. C'est à eux, comme on l'a dit plus haut, que reviennent les biens confisqués et les amendes pécuniaires, du moins en partie. Nous achèverons plus loin ce qui regarde l'organisation du syndicat.

29. Il y aura une seconde assemblée subordonnée à l'Assemblée suprême. Nous l'appellerons le Sénat. Sa fonction est de diriger les affaires publiques, par exemple de promulguer les lois de l'État, de régler, conformément aux lois, ce qui regarde les fortifications des villes, de donner des brevets de service militaire, de fixer les impôts et de les répartir, de répondre aux ambassadeurs étrangers et de décider où il faut envoyer des ambassades ; car le droit de choisir les ambassadeurs de l'État appartient à l'Assemblée suprême. Je dirai à cette occasion qu'il faut par-dessus toutes choses empêcher qu'un patricien puisse être appelé à une fonction publique autrement que par le choix de l'Assemblée ; sans cela les patriciens chercheraient à capter la faveur du Sénat. C'est aussi l'Assemblée suprême qui devra statuer définitivement sur toutes les mesures qui changent d'une manière ou d'une autre la situation présente de l'État, par exemple la paix ou la guerre. Les décisions du Sénat à cet égard n'auront donc force légale

qu'après avoir été confirmées par l'Assemblée, et par la même raison j'inclinerais à confier à l'Assemblée, de préférence au Sénat, le droit d'établir de nouveaux impôts.

30. Quel sera le nombre des sénateurs ? Pour résoudre cette question, il faut considérer d'abord qu'il importe que tous les patriciens aient un espoir égal d'entrer dans l'ordre sénatorial ; puis, qu'il faut aussi que les sénateurs, quand le temps de leurs fonctions sera écoulé, puissent être réélus après un intervalle peu éloigné, afin que les affaires de l'État soient toujours entre des mains habiles et expérimentées ; enfin, qu'il est désirable que le Sénat renferme un grand nombre d'hommes illustres par leur sagesse et par leur vertu. Or, si l'on veut obtenir toutes ces conditions, le mieux est d'établir par une loi : 1° que nul ne sera reçu dans l'ordre sénatorial qu'après avoir atteint l'âge de cinquante ans ; 2° que le Sénat se composera du douzième des patriciens, c'est-à-dire de quatre cents membres élus pour un an ; 3° que cet an écoulé, les mêmes sénateurs pourront être réélus après un intervalle de deux ans. De cette manière il y aura toujours un douzième des patriciens remplissant l'office sénatorial avec des intervalles assez courts ; or ce nombre ajouté à celui des syndics ne sera pas fort au-dessous du nombre total des patriciens ayant l'âge de cinquante ans ; et par conséquent, tous les patriciens, auront toujours un grand espoir d'entrer soit au sénat, soit au conseil des syndics, ce qui n'empêchera pas que les mêmes patriciens continuent, après de faibles intervalles, d'exercer les fonctions sénatoriales, de sorte que le sénat ne manquera jamais (par ce qui a été dit à l'article 2 du présent chapitre) d'hommes supérieurs, puissants par la sagesse et l'habileté. Et comme cette organisation ne peut être brisée sans exciter les ressentiments d'un grand nombre de patriciens, il n'est besoin, pour en assurer le maintien, d'aucune autre précaution que de celle-ci, savoir que chaque patricien, parvenu à l'âge indiqué, en montre la preuve aux syndics, lesquels inscriront son nom sur la liste des patriciens accessibles aux fonctions sénatoriales, et le proclameront dans l'Assemblée suprême, afin qu'il y occupe la place désignée à ses pareils, tout près de celle des sénateurs.

31. Les émoluments des membres du Sénat devront être réglés de telle sorte qu'ils aient plus d'intérêt à la paix qu'à la guerre. On leur

accordera donc un centième ou un cinquantième sur toutes les marchandises exportées à l'étranger ou importées dans l'empire. De cette façon, il n'est pas douteux qu'ils ne soient partisans de la paix et ne traînent jamais la guerre en longueur. Du reste, les sénateurs eux-mêmes, s'il y en a qui soient commerçants, ne seront pas exemptés de cet impôt ; car une telle immunité serait, comme tout le monde le reconnaîtra, fort préjudiciable au commerce.

De plus, tout sénateur et tout patricien ayant rempli les fonctions sénatoriales sera exclu des emplois militaires, et même il ne sera pas permis de choisir un général ou un préteur (lesquels, d'ailleurs, comme nous l'avons dit à l'article 9 du présent chapitre, ne peuvent être élus qu'en temps de guerre) parmi ceux dont le père ou l'aïeul est sénateur ou a rempli les fonctions sénatoriales depuis moins de deux ans écoulés. Et il n'y a pas à douter que les patriciens qui sont en dehors du Sénat ne défendent ces lois avec énergie ; d'où il suit que les sénateurs auront toujours plus d'intérêt à la paix qu'à la guerre et par conséquent ne conseilleront la guerre que dans le cas d'une suprême nécessité.

Mais, nous objectera-t-on, si vous accordez aux syndics et aux sénateurs de si gros émoluments, vous allez rendre le gouvernement aristocratique plus onéreux aux sujets qu'aucune monarchie. Je réponds que notre gouvernement est du moins affranchi des dépenses qu'entraîne dans les monarchie l'existence d'une cour, dépenses qui ne sont nullement faites en vue de la paix ; de plus, je dis que la paix ne peut jamais être achetée trop cher ; outre cela enfin, ajoutez que tous les avantages conférés par le gouvernement monarchique à un seul individu ou à un petit nombre sont ici le partage d'un grand nombre de citoyens. Considérez encore que les rois et leurs ministres ne supportent pas en commun avec les sujets les charges de l'empire, ce qui arrive au contraire dans notre gouvernement ; car les patriciens, qui sont toujours choisis parmi les plus riches, supportent la plus forte partie des charges de l'État. Enfin, les charges de la monarchie ne dérivent pas tant de ses dépenses publiques que de ses dépenses secrètes, au lieu que les charges de l'État imposées aux citoyens pour protéger la paix et la liberté, si grandes qu'elles soient, on les supporte avec patience en vue de ces grands objets. Quelle nation paya jamais autant de lourds impôts que la nation hollandaise ? et non-seulement elle n'en fut pas épuisée, mais ses ressources restèrent si grandes qu'elle devint pour les autres nations un objet d'envie. Je dis donc que si les charges de la monarchie étaient imposées pour le bien de la paix, les citoyens ne s'en trouveraient pas écrasés ; mais ce sont les dépenses secrètes qui font que les sujets succombent sous le fardeau. Ajoutez que les rois ont plus d'occasions de déployer dans la guerre que dans la paix la vertu qui leur est propre, et aussi que ceux qui veulent commander seuls font naturellement tout ce qu'ils peuvent pour avoir des sujets pauvres, sans parler de plusieurs autres inconvénients qu'a signalés autrefois le très sage Belge V. H. et qui n'ont point de rapport à mon sujet, qui est seulement de décrire le meilleur état possible de chaque espèce de gouvernement.

32. Il devra y avoir dans l'Assemblée suprême quelques-uns des syndics (n'ayant pas d'ailleurs le droit de suffrage) chargés de veiller au maintien des lois qui concernent cette Assemblée elle-même, et de la convoquer chaque fois qu'il y aura quelque décision à lui soumettre de la part du Sénat. Car, comme il a déjà été dit, c'est aux syndics qu'appartient le droit de convoquer l'Assemblée suprême et de lui proposer les mesures à adopter. Avant de recueillir les suffrages, le président du Sénat exposera l'état des affaires et l'avis du Sénat sur la mesure en question et les motifs de cet avis. Cela fait, les suffrages seront recueillis dans l'ordre accoutumé.

33. Le Sénat tout entier ne doit pas se réunir tous les jours, mais comme toutes les grandes assemblées, à des époques fixes. Or, comme pendant l'intervalle des sessions les affaires de l'État doivent suivre leur cours, il sera nécessaire d'élire un certain nombre de sénateurs, qui, le Sénat congédié, en prennent la place, et dont l'office soit de convoquer le Sénat lui-même, quand il en est besoin, d'exécuter ce qu'il a décrété touchant les affaires de l'État, de lire les lettres adressées au Sénat et à l'Assemblée suprême, enfin de délibérer sur les questions qu'il y aura lieu de proposer au Sénat. Mais afin que tout ceci et l'ordre entier des opérations de ce corps soient plus aisément compris, je vais décrire toute l'économie de la chose avec le plus grand soin.

34. Les sénateurs, élus pour un an, comme nous l'avons dit, seront divisés en quatre ou en six ordres, dont le premier siégera au premier rang dans le Sénat pendant les deux ou les trois premiers mois. Ce

temps écoulé, le second ordre prendra la place du premier et ainsi de suite, de telle sorte que chaque ordre occupe à son tour le premier rang pendant un même espace de temps, celui qui était le premier dans les premiers mois devenant le dernier dans les seconds. En outre, autant il y a d'ordres, autant il faudra élire de présidents et de vice-présidents, je veux dire que chaque ordre aura son président et son vice-président, et que le président du premier ordre présidera le Sénat pendant les premiers mois, ou, s'il est absent, sera remplacé par son vice-président, et ainsi de suite pour les autres ordres. On élira dans le premier ordre, par voie de suffrage ou au sort, un certain nombre de membres qui, en l'absence du Sénat, tiendront sa place avec le président de cet ordre et le vice-président, et cela pendant le même l'espace de temps où leur ordre occupe dans le Sénat le premier rang. Ce temps écoulé, on élira, par voie de suffrage ou au sort, dans le second ordre, un même nombre de membres qui, avec leur président et leur vice-président, prendront la place du premier ordre et suppléeront le Sénat absent ; et ainsi de suite pour les autres. Or il n'est pas nécessaire que l'élection de ces membres, que nous appellerons *consuls* , se fasse par l'Assemblée suprême. Car la raison que nous avons donnée pour expliquer de telles élections à l'article 29 du présent chapitre ne se rencontre pas ici, et beaucoup moins celle de l'article 17. Il suffira donc qu'ils soient choisis par le Sénat et par les syndics présents.

35. Quant à leur nombre, je ne peux pas le déterminer avec autant de soin. Il est certain pourtant qu'ils doivent être assez nombreux pour qu'il soit difficile de les corrompre. Car bien qu'ils ne décident rien à eux seuls touchant la chose publique, ils peuvent cependant traîner en longueur les délibérations du Sénat, et même, ce qui serait pis, le tromper en lui proposant des affaires de peu d'importance et en gardant le silence sur celles d'un grand intérêt. Ajoutez que s'ils étaient en trop petit nombre, la seule absence d'un ou de deux d'entre eux pourrait laisser en retard les affaires de l'État. Ces conseils n'étant institués qu'à cause que les grandes assemblées ne peuvent s'occuper chaque jour des intérêts publics, il faut ici trouver un moyen de résoudre la difficulté et suppléer au défaut du nombre par la rapidité du temps. On élira donc trente membres ou environ pour deux ou trois mois seulement, et dès lors ils seront assez nombreux pour ne pouvoir,

dans ce court espace de temps, être accessibles à la corruption. C'est aussi pourquoi j'ai averti que les consuls qu'on élira pour remplacer ceux qui auront fait leur temps, ne devront être élus qu'au moment même où ils prendront la place des précédents.

36. J'ai dit en outre que l'office de ces consuls est de convoquer le Sénat, quand quelques-uns d'entre eux, fussent-ils en petit nombre, le jugent nécessaire, de proposer au Sénat les décisions à prendre, de le congédier et d'exécuter ses décrets touchant les affaires publiques. Or dans quel ordre tout cela se fera-t-il ? c'est ce que je vais dire en peu de mots, évitant les longueurs inutiles.

Les consuls délibéreront sur l'affaire qui doit être proposée au Sénat et sur ce qu'il convient de décider. Si tous se sont trouvés d'accord, ils convoquent le Sénat, exposent la question, disent leur avis, et, sans attendre l'avis des autres, recueillent les suffrages. Si, au contraire, il y a diversité d'opinion, alors on commence par communiquer au Sénat l'avis de la majorité des consuls. Cet avis n'est-il pas approuvé par la majorité du Sénat, y a-t-il un nombre de voix opposantes ou incertaines plus grand qu'il ne doit être, et constaté, comme il a été dit, par des boules, les consuls alors font connaître l'avis qui a eu parmi eux moins de suffrages que le précédent, et ainsi de suite pour les autres avis proposés. Que si aucun de ces avis n'est approuvé par la majorité du Sénat tout entier, le Sénat s'ajourne pour le lendemain, afin que les consuls cherchent dans l'intervalle s'ils ne peuvent pas trouver un avis qui plaise davantage à la majorité. Ne trouvent-ils aucun expédient ou ne parviennent-ils pas à le faire accepter de la majorité ; on invite alors chaque sénateur à dire son avis, et si aucun avis ne réunit la majorité, il faut alors prendre de nouveau les suffrages sur chaque avis, en tenant compte, non plus seulement, comme on l'a fait jusqu'ici, des boules approbatives, mais aussi des opposantes et des incertaines. Si on trouve un nombre de voix approbatives supérieur au nombre des voix opposantes ou des voix incertaines, l'avis proposé demeure ratifié ; il est nul, au contraire, si le nombre des opposants est plus grand que celui des incertains et des approbateurs.

Admettez maintenant que pour tous les avis il y ait plus d'incertains que d'opposants et d'approuvants, dans ce cas le conseil des syndics devra se réunir au Sénat et voter avec lui, avec cette précaution de n'employer que des boules approbatives ou opposantes et de laisser de côté les votes incertains. On procédera de la même manière à l'égard des affaires soumises par le Sénat à l'Assemblée suprême. Voilà ce que j'avais à dire du Sénat.

37. Quant à ce qui regarde l'organisation judiciaire, les bases n'en peuvent pas être les mêmes que celles que nous avons exposées dans le chapitre VI, article 27 et suivants, comme convenables à la monarchie. En effet, il n'est pas dans l'esprit du gouvernement aristocratique (voyez l'art. 14 du présent chapitre) de ne tenir aucun compte des races et des familles. De plus, les juges étant exclusivement choisis parmi les patriciens, seront contenus par la crainte de leurs successeurs et auront soin de ne prononcer contre aucun patricien une sentence injuste ; peut-être même n'auront-ils pas la force de les punir autant qu'il serait juste ; au contraire, ils oseront tout contre le peuple et feront des riches leur proie. C'est pour ce motif, je le sais, que plusieurs politiques approuvent la coutume qu'ont les Génois de choisir leurs juges, non parmi les patriciens, mais parmi les étrangers. Pour moi qui raisonne ici d'une manière abstraite et générale, il me parait absurde que ce soient des étrangers, et non pas des patriciens, qui soient chargés d'interpréter les lois. Car que sont les juges, sinon les interprètes des lois ? C'est pourquoi je me persuade que les Génois dans cette affaire ont eu égard au génie de leur nation plus qu'à la nature de leur gouvernement. Il s'agit donc pour nous, qui envisageons la question en général, de trouver les conditions d'organisation judiciaire les plus convenables à la forme aristocratique.

38. Quant au nombre des juges, la forme aristocratique n'en indique aucun de particulier. Il faut seulement qu'il y ait ici, comme dans la monarchie, assez de juges pour qu'un simple particulier soit dans l'impossibilité de les corrompre. Car leur office est seulement de veiller à ce que nul ne fasse tort à autrui, de vider en conséquence les différents entre particuliers, tant patriciens que plébéiens, de punir les délinquants, même patriciens, syndics ou sénateurs, en tant qu'ils ont violé les lois qui obligent tous les citoyens. Quant aux différends qui peuvent survenir entre les villes qui font partie de l'empire, c'est à l'Assemblée suprême à en décider.

39. La durée des fonctions de juge est la même, quel que soit le gouvernement. Il faut aussi que chaque année une partie des juges se retire. Et enfin, bien qu'il ne soit pas nécessaire que chaque juge appartienne à une famille différente, on ne permettra pas à deux parents de siéger ensemble au tribunal. Même précaution devra être prise dans les autres assemblées, excepté dans l'Assemblée suprême, où il suffit que l'on pourvoie par une loi à ce que personne ne puisse, dans les élections, désigner un parent ni lui donner sa voix, s'il a été désigné par un autre, et en outre à ce que deux parents ne tirent pas les suffrages de l'urne pour la nomination d'un fonctionnaire quelconque de l'État. Cela, dis-je, est suffisant dans une assemblée composée d'un si grand nombre de membres et à laquelle on n'accorde pas d'émoluments particuliers. Et par conséquent il n'y a aucun dommage pour l'État à ce qu'on ne fasse pas une loi pour exclure de l'Assemblée suprême les parents des patriciens (voyez l'art. 14 du présent chapitre). Or, qu'une telle loi fût déraisonnable, c'est ce qui est évident. En effet, elle ne pourrait pas être établie par les patriciens eux-mêmes sans que par cela même tous ne cédassent quelque chose de leur droit, et dès lors la revendication de ce droit n'appartiendrait plus aux patriciens, mais au peuple, ce qui est directement contraire aux principes posés dans les articles 5 et 6 du présent chapitre. Aussi bien la loi de l'État qui ordonne que le même rapport se conserve toujours entre le nombre des patriciens et celui du peuple, cette loi est faite avant tout pour le maintien du droit et de la puissance des patriciens ; car s'ils devenaient trop peu nombreux, ils cesseraient de pouvoir gouverner la multitude.

40. Les juges doivent être élus par l'Assemblée suprême parmi les patriciens, c'est-à-dire (par l'article 17 du précédent chapitre) parmi ceux qui font les lois, et les sentences qu'ils auront rendues, tant au civil qu'au criminel, seront ratifiées, pourvu qu'elles aient été rendues d'une manière régulière et impartiale ; et c'est de quoi la loi permettra aux syndics de connaître, juger et décider.

41. Les émoluments des juges seront les mêmes que nous avons fixés à l'article 29 du chapitre VI, c'est-à-dire que pour chaque sentence rendue en matière civile, ils recevront de la partie condamnée une somme en rapport avec l'importance de l'affaire. En matière criminelle,

il y aura ici une différence, c'est que les biens qu'ils auront frappés de confiscation et toutes les amendes prononcées, même pour les moindres délits, leur seront exclusivement attribuées, à cette condition toutefois qu'il ne leur soit jamais permis d'obtenir des aveux de qui que ce soit par la torture ; et de cette manière on sera suffisamment assuré qu'ils ne seront pas iniques envers les plébéiens, et que la crainte ne les rendra pas trop favorables aux patriciens. La crainte en effet sera tempérée par l'avarice, colorée du nom spécieux de justice ; et d'ailleurs il faut considérer que les juges sont en grand nombre et qu'ils ne votent pas ouvertement, mais avec des boules, de sorte que si un individu est irrité d'avoir perdu sa cause, il n'a aucune raison de s'en prendre à aucun juge en particulier. Ajoutez que le respect qu'inspirent les syndics contiendra les juges et les empêchera de prononcer une sentence inique, ou du moins une sentence absurde ; outre que parmi un si grand nombre de juges il s'en trouvera toujours un ou deux qui craindront de violer l'équité. Enfin, les plébéiens auront une garantie dans l'appel aux syndics établi par la loi, comme nous venons de le rappeler.

Car il est certain que les syndics ne pourront pas éviter la haine de beaucoup de patriciens, et qu'ils seront toujours très agréables au peuple dont ils s'efforceront le plus possible d'obtenir la faveur. C'est pourquoi, l'occasion venant à se présenter, ils ne manqueront pas de révoquer les arrêts rendus par les lois, d'examiner un juge quel qu'il soit, et de punir les juges iniques ; car rien ne touche plus le cœur de la multitude. Et si de tels exemples ne peuvent arriver que rarement, il n'y a pas de mal à cela, mais au contraire il y a grand avantage. Car outre que c'est le signe d'un État mal constitué qu'on y fasse chaque jour des exemples contre des magistrats coupables (ainsi que nous l'avons montré à l'article 2 du chapitre V), il faut principalement éviter ceux qui retentissent bruyamment dans l'opinion.

42. Les proconsuls qui seront envoyés dans les villes ou dans les provinces devront être choisis dans l'ordre sénatorial ; car c'est l'office des sénateurs de prendre soin des fortifications des villes, du trésor, de l'armée, etc. Mais comme il serait impossible à ces proconsuls d'être assidus aux séances du Sénat, si on les envoyait dans des contrées un peu éloignées, il ne faudra choisir parmi les sénateurs que les

proconsuls destinés aux villes qui sont sur le sol de la patrie. Quant à ceux qui rempliront leur mission dans des pays plus lointains, on les élira parmi les patriciens dont l'âge n'est pas éloigné de celui des sénateurs. La question maintenant est de savoir si ces mesures garantiront suffisamment la paix de l'empire dans le cas où les villes qui environnent la capitale seraient complètement privées du droit de suffrage. Pour ma part je ne le crois pas, à moins que ces villes ne soient tellement impuissantes qu'il soit permis de les mépriser ouvertement, chose difficile à concevoir. Je pense donc qu'il sera nécessaire que les villes circonvoisines entrent en partage du droit de l'État, et qu'on prenne dans chacune d'elles vingt, trente ou quarante citoyens (selon la grandeur de la ville) pour les inscrire au nombre des patriciens ; parmi eux, trois, quatre ou cinq, seront choisis chaque année pour faire partie du Sénat, et on en prendra un pour être syndic à vie. Ceux qui feront partie du Sénat seront envoyés comme proconsuls, conjointement avec un syndic, dans la ville où on les aura choisis.

43. Enfin il est entendu que les juges constitués du tribunal dans chaque ville seront choisis parmi les patriciens de cette même ville ; mais il n'est pas nécessaire d'insister plus longuement sur ces détails qui n'ont plus aucun rapport avec les conditions fondamentales du gouvernement qui nous occupe.

44. Les secrétaires de chacun des conseils et les autres fonctionnaires de ce genre doivent être élus parmi le peuple, puisqu'ils n'ont pas le droit de suffrage. Mais voici ce qui arrive : c'est que ces employés, ayant acquis par une longue pratique des affaires une expérience consommée, font prévaloir leurs idées plus qu'il ne convient et finissent par devenir les véritables maîtres de l'État. C'est cet abus qui a fait la perte des Hollandais. On comprend, très bien, en effet que la prépondérance des fonctionnaires soit faite pour exciter la jalousie de la plupart des grands. Au reste, on ne peut douter qu'un Sénat dont toute la sagesse aurait sa source dans les lumières des employés, au lieu de la tirer de ses propres membres, serait un corps inerte, de telle sorte que la condition d'un tel gouvernement ne serait pas beaucoup meilleure que celle d'un gouvernement monarchique dirigé par un petit nombre de conseillers du roi. Voyez à ce sujet le chapitre VI, articles 5, 6 et 7. Comment sera-t-il possible de remédier

plus ou moins à ce mal ? Cela dépendra de la bonne ou de la mauvaise institution du gouvernement. En effet, la liberté de l'État, quand elle n'a pas de fondements assez fermes, ne peut jamais être défendue sans de grands périls, et pour les éviter, que font les patriciens ? Ils choisissent parmi le peuple des ministres avides de gloire, et puis, au premier revirement, ils les livrent comme des victimes expiatoires pour apaiser la colère des ennemis de la liberté. Au contraire, là où les fondements de la liberté sont suffisamment solides, les patriciens eux-mêmes mettent leur gloire à la protéger et à faire dépendre uniquement la conduite des affaires de la sagesse des assemblées établies par la constitution. C'est pourquoi, en posant les bases du gouvernement aristocratique, nous nous sommes attaché avant tout à cette double condition, que le peuple fût exclu des assemblées et qu'il n'eût pas le droit de suffrage (voyez les articles 3 et 4 du présent chapitre), de telle sorte que le souverain pouvoir de l'État appartint à tous les patriciens, l'autorité aux syndics et au Sénat, et enfin le droit de convoquer le Sénat et de s'occuper des affaires qui regardent le salut commun aux Consuls, élus dans le Sénat. Établissez, en outre, que le secrétaire du Sénat et celui des autres conseils ne sera élu que pour quatre et cinq ans au plus, et qu'on lui adjoindra un second secrétaire nommé pour le même temps et chargé de partager avec lui le travail ; ou encore, donnez au Sénat, non pas un seul secrétaire, mais plusieurs, dont l'un soit occupé de telle espèce d'affaires et l'autre d'affaires différentes, vous arriverez ainsi à élever une barrière contre l'influence des employés.

45. Les *Tribuns du Trésor* doivent aussi être élus parmi le peuple, et ils auront à rendre compte des deniers de l'État, non-seulement au Sénat, mais aussi aux syndics.

46. Pour ce qui est de la religion, nous nous en sommes expliqués avec assez d'étendue dans le *Traité théologico-politique* . Toutefois, nous avons omis quelques points qui ne trouvaient pas leur place en cet ouvrage. En voici un, par exemple : c'est que tous les patriciens doivent appartenir à la même religion, je veux dire à cette religion éminemment simple et catholique dont notre Traité pose les principes. Il faut prendre garde, en effet, sur toutes choses que les patriciens ne soient divisés en sectes, que les uns ne favorisent celle-ci, les autres

celle-là, et que, subjugués par la superstition, ils ne s'efforcent de ravir aux sujets le droit de dire ce qu'ils pensent.

Un autre point considérable, c'est que, tout en laissant à chacun le droit de dire ce qu'il pense, il faut défendre les grandes réunions religieuses. Que les dissidents élèvent autant de temples qu'il leur conviendra, soit ; mais que ces temples soient petits, qu'ils ne dépassent pas une mesure déterminée et qu'ils soient assez éloignés les uns des autres. Au contraire, que les temples consacrés à la religion de la patrie soient grands et somptueux ; que les seuls patriciens et les sénateurs prennent part aux cérémonies essentielles du culte ; qu'à eux seuls, par conséquent, il appartienne de consacrer les mariages et d'imposer les mains ; qu'en un mot, ils soient seuls les prêtres du temple, les interprètes et les défenseurs de la religion de la patrie. Quant à ce qui touche la prédication, le trésor de l'Église et l'administration de ses affaires journalières, le Sénat choisira dans le peuple un certain nombre de vicaires qui devront en cette qualité lui rendre compte de toutes choses.

47. Telles sont les conditions fondamentales du gouvernement aristocratique. J'en ajouterai quelques autres en petit nombre qui, sans avoir une aussi grande importance, méritent pourtant sérieuse considération. Ainsi, les patriciens porteront un costume particulier qui les distingue ; on devra les saluer d'un titre particulier, et tout homme du peuple leur cédera le pas. Si un patricien vient à perdre ses biens, on les lui rendra sur les deniers du trésor public, pourvu qu'il fournisse la preuve que sa ruine est l'effet d'un accident qu'il n'a pu éviter. Si, au contraire, il est constant qu'il a vécu dans les prodigalités, dans le faste, le jeu et les courtisanes, et que ses dettes dépassent ses ressources, il sera dégradé de sa dignité et déclaré indigne de tout honneur et de tout emploi. Car celui qui ne peut se gouverner lui-même et conduire ses affaires privées est incapable, à plus forte raison, de diriger les affaires publiques.

48. Ceux qui sont obligés par la loi de prêter serment seront plus en garde contre le parjure si on leur prescrit de jurer par le salut de la patrie, la liberté et le conseil suprême, que s'ils juraient par Dieu. En effet, jurer par Dieu, c'est engager son salut, c'est-à-dire un bien particulier dont chacun est juge ; mais jurer par la liberté et le salut de

la patrie, c'est engager le bien de tous, dont nul particulier n'est juge ; et par conséquent se parjurer, c'est se déclarer ennemi de la patrie.

49. Les académies, fondées aux frais de l'État, ont généralement pour but moins de cultiver les intelligences que de les comprimer. Au contraire, dans un État libre, les sciences et les arts seront parfaitement cultivés ; car on y permettra à tout citoyen d'enseigner en public, à ses risques et périls. Mais je réserve ce point et d'autres semblables pour un autre endroit, n'ayant voulu traiter dans ce chapitre que les questions qui se rapportent au gouvernement aristocratique.

Chapitre IX

De l'aristocratie (suite)

1. Jusqu'ici nous n'avons eu en vue que le gouvernement qui tire son nom d'une seule ville, capitale de l'empire tout entier. Voici le moment de traiter d'une aristocratie partagée entre plusieurs villes, et que je trouve pour ma part préférable à la précédente. Mais, pour reconnaître la différence de ces deux formes et la supériorité de l'une sur l'autre, nous aurons à reprendre une à une les conditions fondamentales de la première, à rejeter celles qui ne sont pas compatibles avec la seconde et à y substituer d'autres conditions.

2. Ainsi, les villes qui participent au droit de l'État devront être constituées et fortifiées de telle sorte que non-seulement chacune d'elles soit incapable de se soutenir sans les autres, mais même qu'elle ne puisse se séparer d'elles sans un grand dommage pour l'État tout entier : c'est le moyen qu'elles restent toujours unies. Quant aux villes qui ne sont en état ni de subsister par elles-mêmes, ni d'inspirer aux autres de la crainte, elles ne s'appartiennent pas véritablement, elles sont sous la loi des autres.

3. Les prescriptions des articles 9 et 10 du chapitre précédent, comme celles qui regardent le rapport du nombre des patriciens à celui des citoyens, l'âge, la condition, le choix des patriciens, étant tirées de la nature du gouvernement aristocratique en général, il n'y a aucune

différence à faire, qu'on les applique à une seule ville ou à plusieurs. Il en est tout autrement du conseil suprême. Car si quelqu'une des villes de l'empire restait toujours le lieu des réunions de ce conseil, elle serait véritablement la capitale de l'empire. Il faudra donc, ou bien choisir chaque ville à tour de rôle, ou bien prendre pour lieu de réunion une ville qui n'ait point de part au droit de l'État et qui soit la propriété de toutes les autres. Mais chacun de ces moyens, aisé à prescrire, est difficile à mettre en pratique, des milliers de citoyens ne pouvant être tenus de se transporter souvent hors de leurs villes, ou de se réunir tantôt ici, tantôt là.

4. Pour résoudre cette difficulté et fonder l'organisation des Assemblées dans un tel gouvernement sur sa nature même et sa condition, il faut remarquer que chaque ville doit avoir un droit supérieur au droit d'un simple particulier, d'autant qu'elle est plus puissante qu'un simple particulier (par l'article 4, chapitre 2) ; par conséquent, chaque ville (voir l'article 2 du présent chapitre) a dans l'intérieur de ses murailles et dans les limites de sa juridiction autant de droit qu'elle en peut exercer. En second lieu, toutes les villes ensemble ne doivent pas former seulement une confédération, mais une association et une union réciproques qui ne fassent d'elles qu'un seul gouvernement, de telle sorte cependant que chaque ville ait d'autant plus de droit dans l'État qu'elle est plus puissante que les autres. Car chercher l'égalité entre des éléments inégaux, c'est chercher l'absurde. Les citoyens peuvent à bon droit être jugés égaux, parce que le pouvoir de chacun d'eux, comparé au pouvoir de l'État, cesse d'être considérable ; mais il n'en est pas de même des villes. La puissance de chacune d'elles constitue une partie notable de la puissance de l'État lui-même, partie d'autant plus grande que la ville elle-même a plus d'importance. Les villes ne peuvent donc pas être tenues pour égales. Le droit de chacune, comme sa puissance, doit être mesuré à sa grandeur. Quant aux moyens de les unir et de faire d'elles un seul État, j'en signalerai deux principaux, un Sénat et une Magistrature. Or, comment de tels liens uniront-ils les villes entre elles, sans ôter à chacune le pouvoir d'exercer son droit autant que possible ? C'est ce que je vais montrer en peu de mots.

5. Ainsi, je conçois que dans chaque ville, les patriciens, dont le nombre doit être augmenté ou diminué, selon la grandeur de la ville (article 3 du précédent chapitre), aient la souveraine autorité, et, qu'assemblés en un conseil, qui sera le conseil suprême de la ville, ils aient tout pouvoir de la fortifier, d'étendre ses murs, d'établir des impôts, de faire et d'abroger les lois, d'exécuter en un mot toutes les mesures qu'ils jugeront nécessaires à la conservation et à l'accroissement de la ville.

Maintenant, pour traiter les affaires communes de l'empire, il faudra créer un Sénat, selon le mode expliqué au chapitre précédent ; de sorte qu'il n'y ait entre ces deux Sénats d'autre différence que le droit qu'aura celui-ci de vider les différends qui peuvent s'élever entre les villes. Car dans cet empire, où aucune ville n'est capitale, ce droit ne peut être exercé, comme dans le précédent État, par le conseil suprême (voir l'article 38 du chapitre précédent).

6. Au reste, dans un tel empire on ne devra pas convoquer le grand conseil à moins qu'il ne s'agisse de réformer l'empire lui-même, ou de quelque affaire difficile que les sénateurs ne se croiront pas capables de mener à bien ; et de cette façon les patriciens de toutes les villes seront très rarement réunis en conseil. Le principal devoir du conseil suprême, comme nous l'avons dit (article 17 du précédent chapitre), est d'établir et d'abroger les lois, puis d'élire les fonctionnaires publics. Mais les lois ou les droits communs de l'empire ne doivent pas être changés, quand il y a peu de temps qu'ils ont été établis. Cependant, si le temps et les circonstances exigent l'établissement de quelque droit nouveau ou la réforme d'un droit établi, le Sénat peut prendre l'initiative de ce changement, et quand l'accord s'est établi parmi ses membres, déléguer dans les villes des envoyés chargés de faire connaître sa décision aux patriciens de chaque ville ; si le plus grand nombre des villes se range à l'avis d'un Sénat, il est ratifié ; dans le cas contraire, il est annulé. On peut suivre le même ordre dans le choix des généraux d'armée et des ambassadeurs, comme dans les décrets à rendre pour déclarer la guerre ou accepter des conditions de paix. Quant à l'élection des autres fonctionnaires de l'empire, comme chaque ville doit user de son droit autant qu'il est possible (nous l'avons fait voir à l'article 4 de ce chapitre), et avoir dans l'empire un droit d'autant

plus étendu qu'elle est plus puissante, voici l'ordre qu'il faudra suivre nécessairement. Les sénateurs seront élus par les patriciens de chaque ville, c'est-à-dire que les patriciens d'une ville éliront parmi leurs collègues un nombre de sénateurs qui sera au nombre total des patriciens comme 1 est à 12 (voir l'article 30 du chapitre précédent), et ils désigneront ceux qui doivent faire partie du premier ordre, ceux du second et ceux du troisième. Les patriciens des autres villes éliront de même, selon leur nombre, plus ou moins de sénateurs, qu'ils diviseront en autant d'ordres qu'il doit y en avoir dans le Sénat (voir l'article 34 du chapitre précédent). Ainsi dans chaque ordre de sénateurs chaque ville en aura un plus ou moins grand nombre en rapport avec son importance. Quant aux présidents des ordres et à leurs vice-présidents, dont le nombre est moindre que celui des villes, ils seront tirés au sort par le Sénat parmi les consuls élus. On suivra encore le même ordre pour l'élection des juges suprêmes de l'empire : les patriciens de chaque ville éliront parmi leurs collègues plus ou moins de juges, suivant leur nombre. Chaque ville usera ainsi de son droit autant qu'il est possible dans l'élection des fonctionnaires, et elle aura, soit dans le Sénat, soit dans la Magistrature, un droit d'autant plus étendu qu'elle sera plus puissante ; pourvu toutefois que le rôle du Sénat et de la Magistrature dans la décision des affaires de l'empire et le jugement des différends reste tel que nous l'avons présenté aux articles 33 et 34 du chapitre précédent.

7. Les chefs des cohortes et les tribuns de l'armée doivent aussi être élus parmi les patriciens. Car, s'il est juste que chaque ville soit tenue de lever pour la commune défense de l'empire un nombre déterminé de soldats en rapport avec sa grandeur, il est juste aussi qu'elle puisse élire parmi ses patriciens, en raison du nombre de légions qu'elle doit entretenir, autant de tribuns, d'officiers, et de porte-enseignes qu'il en faut pour commander le contingent qu'elle fournit à l'empire.

8. Aucune contribution ne doit être imposée aux sujets par le Sénat. Quant aux dépenses votées par décret du Sénat pour la pleine exécution des affaires publiques, ce ne sont pas les sujets, mais les villes elles-mêmes qui sont appelées par le Sénat à y suffire d'après le cens, de façon que chaque ville y contribue pour une part plus ou moins

forte, suivant sa grandeur. Cette portion des impôts, les patriciens la lèvent sur leurs concitoyens par le moyen qu'ils jugent à propos, soit par le cens, soit, ce qui est plus simple, par l'imposition d'une contribution.

9. Ensuite, quoique toutes les villes de cet empire ne soient pas maritimes, et que les sénateurs ne soient pas pris dans les seules villes maritimes, on peut cependant accorder à cette sorte de sénateurs les mêmes émoluments que nous avons désignés à l'article 31 du chapitre précédent. Et ici, il y aura lieu de réfléchir aux moyens d'unir entre elles plus étroitement les villes de l'empire, selon l'esprit de la constitution. Au surplus, les autres prescriptions que j'ai indiquées au chapitre précédent, touchant le Sénat, la Magistrature et l'empire tout entier, s'appliquent également à cette espèce particulière de gouvernement. On voit donc que dans un État composé de plusieurs villes, il n'est pas nécessaire de désigner, ni le lieu ni l'époque des réunions du conseil suprême ; il suffit d'établir un lieu de réunion pour le Sénat et la Magistrature dans un bourg, ou dans une ville qui n'ait pas le droit de suffrage. Je reviens à présent à ce qui regarde les villes en particulier.

10. L'ordre à suivre par le conseil suprême d'une ville dans l'élection des fonctionnaires de la ville et de l'empire et dans la décision des affaires doit être semblable à celui qui a été prescrit aux articles 27 et 36 du chapitre précédent. Dans les deux cas, en effet, on trouve les mêmes raisons déterminantes. De même, le conseil des syndics doit être subordonné au grand conseil comme dans le chapitre précédent. Ses fonctions aussi sont les mêmes dans les limites de la juridiction de la ville, et il jouit des mêmes émoluments. Si la ville, et par suite le nombre des patriciens, sont si exigus qu'il ne puisse être créé plus d'un ou de deux syndics, qui à eux deux ne sauraient constituer un conseil, des juges seront désignés par le conseil suprême de la ville et adjoints aux syndics, à l'occasion, pour la connaissance des affaires, ou bien la question sera portée au conseil suprême des syndics. Car chaque ville enverra dans le lieu des réunions du Sénat quelques-uns de ses syndics, chargés de veiller à ce que les droits de l'empire tout entier soient respectés, et qui siégeront pour cela dans le Sénat sans avoir le droit de suffrage.

11. Les Consuls des villes doivent être élus aussi par les patriciens de la même ville dont ils composent en quelque sorte le Sénat. Je n'en puis déterminer le nombre et n'en vois pas d'ailleurs la nécessité, du moment que les affaires de grande importance pour la ville sont traitées par son conseil suprême, et celles qui intéressent l'empire tout entier par le grand Sénat. Mais si les Consuls sont peu nombreux, il faudra que les suffrages soient ouvertement recueillis dans le conseil, et non pas à l'aide de boules comme dans les grandes assemblées. Car dans un conseil peu nombreux, si les suffrages sont secrets, les plus fins devinent aisément l'auteur de chaque suffrage, et abusent de mille façons ceux qui ne sont pas attentifs.

12. En outre, dans chaque ville, les juges seront établis par son conseil suprême ; mais il sera permis d'en appeler de leur sentence au tribunal suprême de l'empire, en exceptant toutefois les accusés ouvertement convaincus et les débiteurs avoués. Mais je n'ai pas à m'étendre plus longtemps sur cette matière.

13. Reste donc à parler des villes qui ne s'appartiennent pas à elles-mêmes. Si elles sont situées dans une province ou dans une partie quelconque de l'empire et que leurs habitants soient de la même nation et parlent la même langue, elles doivent nécessairement, comme les bourgs, être prises pour des parties de villes voisines ; et de cette façon chacune d'elles doit se trouver sous l'administration de telle ou telle ville qui se gouverne elle-même. La raison en est que les patriciens ne sont pas élus par le conseil suprême de l'empire, mais par le conseil suprême de chaque ville, et qu'ils sont, dans chaque ville, plus ou moins nombreux suivant le nombre de ses habitants dans les limites de sa juridiction (art. 5 de ce chapitre). C'est ce qui explique la nécessité de faire entrer dans le recensement d'une population qui se gouverne celle qui ne se gouverne pas, et de la placer sous sa direction. Les villes prises par droit de conquête et annexées à l'empire, doivent être traitées comme sœurs de l'empire et liées à lui par ce bienfait ; ou bien il y faut envoyer des colonies jouissant du droit de l'État et transporter ailleurs leur population ou la détruire entièrement.

14. Voilà pour ce qui regarde les fondements de ce gouvernement. Voici maintenant d'où je conclus que sa condition est meilleure que celle du gouvernement qui tire son nom d'une seule ville : c'est que les

patriciens de chaque ville, cédant aux penchants naturels de l'homme, s'efforceront de conserver et d'augmenter, s'il se peut, leur droit, tant dans le Sénat que dans la ville. Et par suite ils auront à cœur de s'attacher la multitude, par conséquent de faire sentir leur action dans l'empire par les bienfaits plutôt que par la crainte, et d'augmenter leur nombre. Plus ils seront nombreux, en effet, plus ils éliront parmi eux de sénateurs (art. 6 de ce chap.), et plus ils auront de droit dans l'empire (même art.). Et il n'y a pas de mal à ce que les villes aient entre elles de fréquents dissentiments et passent le temps à disputer, parce que chacune d'elles ne songe qu'à ses intérêts et porte envie aux autres. Si Sagonte succombe pendant que les Romains délibèrent (voyez Tite-Live, *Hist* ., XXI, 6), il est vrai aussi que la liberté et le bien public périssent lorsqu'un petit nombre d'hommes décident de tout par leur seule passion. Les esprits des hommes sont en général trop émoussés pour pénétrer au fond des choses du premier coup, mais ils s'aiguisent en délibérant, en écoutant et en disputant ; et pendant qu'ils cherchent tous les moyens d'agir à leur gré, ils trouvent un parti qui a pour lui l'approbation générale et auquel personne n'aurait songé auparavant. Si l'on m'objecte que le gouvernement des Hollandais ne s'est pas longtemps soutenu sans comte ou sans vicaire qui remplaçât le comte, je répondrai que les Hollandais crurent qu'il leur suffisait, pour obtenir la liberté, d'abandonner leur comte et de retrancher la tête au corps de l'empire, sans songer à le réformer lui-même. Ils laissaient les membres de l'empire tels qu'ils avaient été auparavant organisés, de sorte que le comté de Hollande, comme un corps sans tête, subsista sans comte, et l'empire lui-même sans nom. Il n'y a donc rien d'étonnant à ce que la plupart des sujets aient ignoré entre quelles mains était la souveraine autorité de l'empire. Et quand même il n'en eût pas été ainsi, ceux qui de fait gouvernaient l'empire étaient trop peu nombreux pour être les maîtres de la multitude, et pour écraser leurs puissants adversaires. Aussi arriva-t-il que ceux-ci purent souvent leur tendre des embûches, et à la fin les renverser. Donc le renversement soudain de la république de Hollande ne vient pas de ce qu'elle passait inutilement le temps à délibérer, mais de la mauvaise organisation de son gouvernement et du trop petit nombre des gouvernants.

15. Cette aristocratie partagée entre plusieurs villes est encore préférable à la première, parce qu'on n'a pas à s'y garder, comme dans la première, d'une agression soudaine contre le conseil suprême, puisque ni l'époque ni le lieu de ses réunions n'y sont désignés. En outre, les citoyens puissants sont moins à craindre dans ce gouvernement, puisque là où plusieurs villes jouissent de la liberté, il ne suffit pas à celui qui veut s'ouvrir une voie à l'empire de s'emparer d'une seule ville pour être le maître des autres. Enfin la liberté, dans ce gouvernement, est commune à un plus grand nombre d'hommes ; car partout où une seule ville a le pouvoir, on ne s'inquiète du bien des autres villes que dans la mesure où ce bien peut être utile à celle qui est la maîtresse.

Chapitre X

De l'aristocratie (fin)

1. Après avoir exposé et démontré les conditions fondamentales des deux espèces de gouvernements aristocratiques, il nous reste à chercher si ces gouvernements peuvent être dissous ou transformés par quelque cause dont ils soient responsables. La première de toutes les causes de dissolution pour un tel gouvernement est celle qui a été indiquée en ces termes par le très pénétrant Florentin [174] : « *Il s'ajoute chaque jour à l'empire* (comme au corps humain) *quelque chose qui un jour ou l'autre appelle un traitement curatif*. C'est pourquoi il est nécessaire, dit-il, qu'il se produise un jour quelque événement qui ramène l'État au principe sur lequel il a été établi. Si cela n'arrive pas en temps utile, les vices de l'État s'accroissent au point qu'ils ne peuvent plus disparaître qu'avec l'État lui-même. Quant à l'événement qui peut sauver l'État, tantôt il se produit par hasard, et tantôt par la volonté et la prévoyance des lois ou de quelque homme d'un rare mérite. » Voilà des réflexions dont nous ne pouvons mettre en doute l'importance, et partout où l'on n'aura pas pourvu à l'inconvénient si justement signalé, si

l'État se soutient, ce ne sera pas par sa propre force, mais par le seul effet de la fortune. Au contraire, si l'on a porté le meilleur remède au mal, l'État ne succombera pas par sa faute, mais seulement par quelque destin inévitable, comme nous le montrerons bientôt plus clairement. Le premier remède indiqué, ç'a été d'élire tous les cinq ans un dictateur suprême nommé pour un ou deux mois, avec le pouvoir de connaître et de juger les actes des sénateurs et de chaque fonctionnaire, de statuer en dernier ressort, et de ramener ainsi l'État à son principe. Mais quiconque s'étudie à éviter les inconvénients d'un gouvernement doit avoir recours aux remèdes qui s'accordent avec la nature de ce gouvernement et qui répondent aux lois de son organisation, sans quoi pour éviter Charybde il retombe en Scylla. Il est vrai assurément que tous les citoyens, gouvernants et gouvernés, doivent être retenus par la crainte du supplice ou d'un dommage quelconque, afin qu'il ne soit permis à personne de commettre des fautes impunément ou à son avantage ; mais il n'est pas moins vrai d'un autre côté que si une telle crainte est commune aux bons et aux mauvais citoyens, l'empire court par là même un très grand danger. Ainsi, la puissance dictatoriale qui est absolue ne peut pas ne pas inspirer une égale crainte à tous les citoyens, surtout si, comme on le demande, il y a des époques fixes pour la création d'un dictateur. Chacun, dans ce cas, emporté par l'amour de la gloire, briguera cet honneur avec une ardeur extrême ; et comme il est certain qu'en temps de paix on prise moins la vertu que l'opulence, les plus magnifiques obtiendront plus facilement les honneurs. Voilà pourquoi sans doute les Romains ne créaient pas de dictateurs à une époque fixe, mais seulement sous le coup de quelque nécessité inattendue. Néanmoins, *le bruit de l'élection d'un dictateur* , pour rappeler ici les paroles de Cicéron [175] , *déplaisait aux honnêtes gens* . Et en effet cette puissance dictatoriale étant une puissance toute royale, il est impossible que la république prenne ainsi la forme monarchique, serait-ce pour un temps aussi court qu'on voudra, sans faire courir un grand danger à l'État. Ajoutez à cela que s'il n'y a point un jour précis fixé pour l'élection du dictateur, on ne tiendra aucun compte de l'intervalle de temps qui se sera écoulé de l'un à l'autre, bien que cette condition, comme nous l'avons dit, soit fondamentale, et une prescription si vague finira par être négligée facilement. A moins donc que cette puissance dictatoriale ne soit perpétuelle et stable, et il est clair qu'une telle puissance attribuée à un seul est incompatible avec la nature du gouvernement aristocratique, elle sera livrée à mille incertitudes aussi bien que la conservation et la sûreté de l'État,

2. Il n'est pas douteux au contraire (par l'article 3 du chapitre VI) que si le glaive dictatorial pouvait, sans que la forme du gouvernement en fût altérée, avoir un caractère de permanence et se rendre redoutable aux seuls méchants, jamais les vices de l'État ne grandiraient au point de ne pouvoir être extirpés ou du moins atténués. C'est pour réunir toutes ces conditions que nous avons voulu subordonner le conseil des syndics au conseil suprême, de façon que le glaive dictatorial soit perpétuellement entre les mains non pas d'une personne naturelle, mais bien d'une personne civile, dont les membres soient trop nombreux pour se partager l'empire (par les articles 1 et 2 du chapitre précédent), ou pour comploter quelque attentat d'un commun accord. C'est en vue du même but que les syndics sont écartés des autres charges de l'État, qu'ils n'ont point de solde à payer aux troupes, et qu'ils sont enfin d'un âge à préférer la sécurité du présent aux hasards d'un ordre de choses nouveau. De cette façon ils ne sont pas dangereux à l'État, ni par suite aux bons citoyens, tandis qu'ils peuvent être et sont en effet la terreur des méchants. Moins ils ont de force pour commettre des crimes, et plus ils en ont pour les réprimer. Car, outre qu'ils peuvent y mettre obstacle dès l'origine (puisque le conseil des syndics est perpétuel), ils sont assez nombreux pour avoir le courage d'accuser et de condamner tel ou tel citoyen puissant sans redouter sa haine, d'autant que les suffrages sont donnés avec des boules et que la sentence est prononcée au nom du conseil tout entier.

3. On m'objectera qu'à Rome aussi les tribuns du peuple étaient perpétuels. Il est vrai, mais ils n'étaient pas capables de mettre obstacle à la puissance d'un Scipion ; et en outre ils étaient obligés de porter d'abord les mesures qu'ils jugeaient favorables devant le Sénat lui-même, qui souvent se jouait d'eux, en faisant agréer au peuple l'homme

qui inspirait le moins de craintes aux sénateurs eux-mêmes. Ajoutez à cela que la puissance des tribuns était protégée contre les patriciens par la faveur du peuple, et que ces tribuns avaient plutôt l'air d'exciter une sédition que de convoquer une assemblée, toutes les fois qu'ils appelaient le peuple au forum. Voilà des inconvénients qui n'existent pas dans l'État que nous avons décrit aux deux chapitres précédents.

4. Au reste, ce pouvoir des syndics se bornera simplement à conserver la forme du gouvernement, c'est-à-dire à réprimer toute infraction aux lois et à empêcher que personne puisse commettre aucune faute à son avantage. Mais il ne pourra jamais réprimer le progrès des vices sur lesquels les lois n'ont aucune action, de ces vices, par exemple, dans lesquels tombent les hommes de trop de loisir et qui amènent souvent la ruine d'un empire. En effet, quand règne la paix, les hommes dépouillent toute crainte ; ils deviennent insensiblement, de féroces et de barbares qu'ils étaient, humains et civils ; d'humains, ils deviennent mous et paresseux, et chacun met alors son ambition à surpasser les autres, non pas en vertu, mais en faste et en mollesse. Ils en viennent ainsi à dédaigner les mœurs de leur pays, à imiter les mœurs des nations étrangères, et, pour tout dire, ils se préparent à être esclaves.

5. Pour éviter ces maux, beaucoup de législateurs se sont efforcés d'établir des lois somptuaires ; mais c'est en vain. On se fait un jeu de violer toutes les lois qu'il est possible d'enfreindre sans faire injustice à personne en particulier, et qui ont pour effet d'exciter les désirs et les passions des hommes, loin de les réprimer ; car nous recherchons toujours ce qui nous est défendu, et n'aimons que ce qu'on nous refuse [176] . Il ne manque jamais d'hommes oisifs qui savent éluder les lois établies contre certaines choses qu'il est impossible de défendre absolument, comme les festins, les jeux, les ornements, et autres usages du même genre dont tout le mal est dans un excès qui ne peut se mesurer que d'après la condition de chacun, et qui n'est pas susceptible dès lors d'être déterminé par une loi universelle.

6. Je conclus donc à ce que tous ces vices, communs aux époques de paix dont nous venons de parler, soient réprimés, non pas directement, mais par des voies détournées, c'est-à-dire par l'établissement de principes de gouvernement tels, que la plupart des

citoyens, s'ils ne s'appliquent pas à vivre selon les règles de la sagesse (ce qui est impossible), se laissent du moins conduire par les passions qui peuvent être le plus utiles à la république. Ainsi on peut s'ingénier à inspirer aux riches, sinon l'économie, au moins un certain amour de l'argent. Car il n'est pas douteux que si l'amour de l'argent, ce sentiment universel et perpétuel, est excité par un désir de gloire, la plupart des citoyens ne s'étudient à augmenter honorablement leur fortune, afin d'échapper à une situation honteuse et d'arriver aux honneurs. Et si nous revenons maintenant aux conditions fondamentales des deux gouvernements aristocratiques que nous avons décrits aux deux chapitres précédents, on verra que ces principes y sont contenus. Car dans chacun d'eux le nombre des gouvernants est assez considérable pour que le plus grand nombre des riches ait accès à la direction et aux honneurs de l'État.

7. Si, en outre (comme nous l'avons dit à l'article 47 du chapitre VIII), on pose en principe que les patriciens qui doivent plus qu'ils ne peuvent payer seront chassés de l'ordre des patriciens, et que ceux qui auront perdu leurs biens par un revers de fortune seront rétablis au contraire dans leur première condition, nul doute que tous les patriciens ne s'efforcent de conserver leurs biens, autant qu'ils le pourront. Ils n'auront aucun goût pour les usages étrangers, aucun dédain de ceux de la patrie, s'il y a une loi qui commande de distinguer des autres citoyens les patriciens et ceux qui sont dans les honneurs par un vêtement particulier. Voyez à ce sujet les articles 25 et 47 du chapitre VIII. Il est possible d'imaginer pour chaque gouvernement d'autres lois en rapport avec la nature des lieux et le génie de la nation ; mais ce à quoi il faut veiller avant tout, c'est à engager les citoyens à faire leur devoir d'eux-mêmes plutôt que sous la contrainte des lois.

8. En effet, un gouvernement qui n'a d'autre vue que de mener les hommes par la crainte réprimera bien plus leurs vices qu'il n'excitera leurs vertus. Il faut gouverner les hommes de telle sorte qu'ils ne se sentent pas menés, mais qu'ils se croient libres de vivre à leur gré et d'après leur propre volonté, et qu'ils n'aient alors d'autres règles de conduite que l'amour de la liberté, le désir d'augmenter leur fortune et d'arriver aux honneurs. Quant aux images, aux triomphes, et aux autres encouragements à la vertu, ce sont les signes de l'esclavage plutôt que

de la liberté. Car c'est chez les esclaves et non chez les hommes libres que l'on récompense la vertu. Je conviens que ce sont là pour les hommes des aiguillons très puissants. Mais si, dans le principe, on décerne ces récompenses aux grands hommes, plus tard, lorsque l'envie s'est fait jour, on les donne à des hommes lâches et enflés de la grandeur de leur fortune, à la grande indignation des gens de bien. Ensuite ceux qui peuvent mettre en avant les images et les triomphes de leurs pères croient qu'on leur fait injure quand on ne les préfère pas aux autres. Enfin, pour me taire sur le reste, il est certain que l'égalité, sans laquelle la liberté commune tombe en ruine, ne peut subsister en aucune façon, dès que le droit public de l'État veut que l'on attribue des honneurs extraordinaires à un homme illustre par sa vertu.

9. Ceci posé, voyons maintenant si des gouvernements de cette nature peuvent succomber par quelque faute qui leur soit imputable. S'il est possible qu'un État dure éternellement, ce sera nécessairement celui dont les lois une fois bien établies seront toujours respectées. Car les lois sont l'âme d'un État. Conserver les lois, c'est donc conserver l'État lui-même. Mais les lois ne règneront en maîtresses qu'autant qu'elles seront défendues par la raison et les passions communes du genre humain. Sans cela, et, par exemple, si elles n'ont d'appui que la seule raison, elles seront impuissantes et facilement violées. Mais puisque nous avons fait voir que les lois fondamentales des deux gouvernements aristocratiques sont compatibles avec la raison et les passions communes du genre humain, nous pouvons affirmer que s'il est des États qui puissent éternellement subsister, ce seront ceux-là même ; car ils ne pourront succomber par aucune cause qui leur soit imputable, mais seulement sous le coup de l'inévitable nécessité.

10. Mais on peut encore nous objecter que les lois précédemment posées, bien qu'elles s'appuient sur la raison et les passions communes du genre humain, peuvent néanmoins succomber quelque jour. Et cela, parce qu'il n'est point de passion qui ne soit quelquefois dominée par une passion contraire et plus puissante : c'est ainsi que l'amour du bien d'autrui l'emporte sur la crainte de la mort, et que les hommes que la vue de l'ennemi a remplis de terreur et mis en fuite, ne pouvant plus être arrêtés par aucune autre crainte, se précipitent dans les fleuves, ou se jettent dans le feu pour échapper au feu des ennemis. Voilà

pourquoi, dans un État, si bien ordonné qu'il soit, si parfaites que soient ses lois, dans les crises extrêmes, lorsque tous les citoyens sont saisis d'une sorte de terreur panique, on les voit tous se ranger au seul avis que leur inspire l'épouvante du moment, sans s'inquiéter ni de l'avenir, ni de lois, tourner leurs regards vers un homme illustré par ses victoires, l'affranchir seul de toutes les lois, lui continuer son commandement (ce qui est du plus dangereux exemple), et lui confier enfin l'État tout entier. Ce fut là certainement la cause de la ruine de l'empire romain. — Pour répondre à cette objection, je dis premièrement que dans une république bien constituée une telle terreur ne peut pas naître à moins de cause légitime ; et par conséquent cette terreur, et la confusion qui en est la suite, ne peuvent être attribuées à aucune cause que la prudence humaine fut capable d'éviter. En second lieu, il faut remarquer que dans une république telle que je l'ai précédemment décrite, il n'est possible (par les articles 9 et 25 du chapitre VIII) à aucun citoyen d'obtenir sur les autres une supériorité de mérite capable d'attirer sur lui tous les regards : il aura nécessairement plus d'un émule qui obtiendra sa part de faveur. Ainsi donc, bien que la terreur puisse amener dans la république une certaine confusion, nul ne pourra violer la loi, ni appeler, malgré la constitution, quelque citoyen à un commandement militaire, sans qu'aussitôt s'élèvent les réclamations d'autres prétendants ; et cette lutte ne pourra se terminer que par un recours aux lois et par le rétablissement de l'ordre régulier de l'État. Je puis donc affirmer d'une manière absolue que le gouvernement aristocratique, non pas seulement celui d'une seule ville, mais aussi celui de plusieurs villes ensemble, est un gouvernement éternel, c'est-à-dire qu'il ne peut être ni dissous ni transformé par aucune cause qui tienne à sa constitution intérieure.

Chapitre XI

De la démocratie

1. Je passe enfin au troisième gouvernement, complètement absolu, que nous appelons démocratie. Ce qui le distingue essentiellement, nous l'avons dit, du gouvernement aristocratique, c'est que, dans ce dernier, la seule volonté du conseil suprême et une libre élection font nommer tel ou tel citoyen patricien, en sorte que nul ne possède à titre héréditaire et ne peut demander ni le droit de suffrage, ni le droit d'occuper les fonctions publiques, au lieu qu'il en est tout autrement dans le gouvernement dont nous allons parler. En effet, tous ceux qui ont pour parents des citoyens, ou qui sont nés sur le sol même de la patrie, ou qui ont bien mérité de la république, ou enfin qui doivent la qualité de citoyen à quelqu'un des motifs assignés par la loi, tous ceux-là, dis-je, ont le droit de suffrage dans le conseil suprême et le droit d'occuper des fonctions publiques, et l'on ne peut le leur refuser, sinon pour cause de crime ou d'infamie.

2. Si donc il est réglé par une loi que les anciens seulement qui auront atteint un âge déterminé, — ou les seuls aînés, dès que leur âge le permet, — ou ceux qui payent à la république une somme d'argent

déterminée, — possèdent le droit de suffrage dans le conseil suprême et le droit de participer aux affaires publiques, bien qu'il puisse arriver, par cette raison, que le conseil suprême y soit composé d'un plus petit nombre de citoyens que dans le gouvernement aristocratique, il faut cependant appeler démocratiques des gouvernements de cette sorte, parce que les citoyens qui doivent gouverner la république n'y sont pas choisis comme les plus dignes par le conseil suprême, mais sont désignés par la loi. Et quoique par cette raison des gouvernements de cette sorte, — c'est-à-dire ceux où l'on ne voit pas les meilleurs citoyens gouverner, mais des individus que le hasard a faits riches, ou les aînés, — paraissent inférieurs au gouvernement aristocratique, cependant, si nous considérons la pratique ou la nature commune des hommes, la chose reviendra au même. Car les patriciens jugeront toujours comme les meilleurs les gens riches ou bien ceux qui leur sont unis par les liens du sang ou de l'amitié ; et à coup sûr si les patriciens devaient élire leurs collègues patriciens, sans passion et en vue du seul intérêt public, il n'y aurait point de gouvernement à opposer au gouvernement aristocratique. Mais la pratique a démontré surabondamment que les choses se passent d'une tout autre façon, surtout dans les oligarchies, où la volonté des patriciens, par le manque de rivaux, est plus que partout ailleurs dégagée de toute loi. Là, en effet, ce que les patriciens ont le plus à cœur, c'est de repousser du conseil les plus dignes citoyens et ils choisissent pour collègues des gens qui n'ont d'autre volonté que la leur ; de telle façon que dans un pareil gouvernement les affaires se font bien plus mal, parce que l'élection des patriciens dépend de la volonté complètement libre de quelques individus, je veux dire, d'une volonté exempte de toute loi. Mais je reviens à mon sujet.

3. D'après ce qui a été dit dans l'article précédent, il est évident que nous pouvons concevoir plusieurs genres de gouvernement démocratique. Mais mon but n'est pas de m'occuper de chacun d'eux, mais seulement de celui où, sans exception, tous ceux qui n'obéissent qu'aux lois de leur patrie, qui de plus sont leurs maîtres et vivent honnêtement, ont le droit de suffrage dans le conseil souverain et le droit d'occuper des fonctions dans le gouvernement. Je dis expressément : *ceux qui n'obéissent qu'aux lois de leur patrie* , pour exclure les étrangers, qui sont censés dépendre d'un autre

gouvernement. J'ai ajouté : *qui sont leurs maîtres pour le reste* , voulant exclure par cette clause les femmes et les esclaves, qui vivent en puissance de maris ou de maîtres, ainsi que les enfants et les pupilles tout le temps qu'ils demeurent sous la domination de leurs parents et de leurs tuteurs. J'ai dit enfin : *et qui vivent honnêtement* , pour écarter principalement tous ceux qui par quelque crime ou par une vie honteuse sont tombés dans l'infamie.

4. Mais, me demandera peut-être quelqu'un, est-ce par une loi naturelle ou par une institution que les femmes sont sous la puissance des hommes ? Car si ce n'est que par une institution humaine, assurément aucune raison ne nous oblige à exclure les femmes du gouvernement. Mais si nous consultons l'expérience, nous verrons que l'exclusion des femmes est une suite de leur faiblesse. En effet, on n'a vu nulle part régner ensemble les hommes et les femmes ; au contraire, partout où l'on rencontre des hommes et des femmes, les femmes sont gouvernées et les hommes gouvernent, et de cette façon la concorde existe entre les deux sexes. Tout au contraire les amazones, qui régnèrent jadis, suivant la tradition, ne permettaient pas aux hommes de demeurer dans leur pays ; elles n'élevaient que leurs filles et tuaient leurs enfants mâles. Or, s'il était naturel que les femmes fussent égales aux hommes et pussent rivaliser avec eux tant par la grandeur d'âme que par l'intelligence qui constitue avant tout la puissance de l'homme et partant son droit, à coup sûr, parmi tant de nations différentes, on en verrait quelques-unes où les deux sexes gouverneraient également, et d'autres où les hommes seraient gouvernés par les femmes et élevés de manière à être moins forts par l'intelligence. Comme pareille chose n'arrive nulle part, on peut affirmer sans restriction que la nature n'a pas donné aux femmes un droit égal à celui des hommes, mais qu'elles sont obligées de leur céder ; donc il ne peut pas arriver que les deux sexes gouvernent également, encore moins que les hommes soient gouvernés par les femmes. Considérons en outre les passions humaines : n'est-il pas vrai que le plus souvent les hommes n'aiment les femmes que par l'effet d'un désir sensuel et n'estiment leur intelligence et leur sagesse qu'autant qu'elles ont

de la beauté ? Ajoutez que les hommes ne peuvent souffrir que la femme qu'ils aiment accorde aux autres la moindre faveur, sans parler d'autres considérations pareilles qui démontrent facilement qu'il ne se peut faire, sans grand dommage pour la concorde, que les hommes et les femmes gouvernent également. Mais en voilà assez sur cet objet...

Le reste manque.